本书由湖南工商大学政治经济学学科和世界经济

U0515367

盛小芳 著

# 晚清《公司律》对中国早期工业化影响研究

中国财经出版传媒集团

经济科学出版社

Economic Science Press

图书在版编目（CIP）数据

晚清《公司律》对中国早期工业化影响研究/盛小芳著．－－北京：经济科学出版社，2023.6
ISBN 978 - 7 - 5218 - 4607 - 2

Ⅰ.①晚…　Ⅱ.①盛…　Ⅲ.①公司法 - 研究 - 中国 - 清后期②工业史 - 研究 - 中国 - 清后期　Ⅳ.①D922.291.912②F429.052

中国国家版本馆 CIP 数据核字（2023）第 043274 号

责任编辑：周国强
责任校对：王京宁
责任印制：张佳裕

晚清《公司律》对中国早期工业化影响研究

盛小芳　著

经济科学出版社出版、发行　新华书店经销
社址：北京市海淀区阜成路甲 28 号　邮编：100142
总编部电话：010 - 88191217　发行部电话：010 - 88191522
网址：www. esp. com. cn
电子邮箱：esp@ esp. com. cn
天猫网店：经济科学出版社旗舰店
网址：http://jjkxcbs. tmall. com
固安华明印业有限公司印装
710 × 1000　16 开　13.25 印张　200000 字
2023 年 6 月第 1 版　2023 年 6 月第 1 次印刷
ISBN 978 - 7 - 5218 - 4607 - 2　定价：78.00 元
（图书出现印装问题，本社负责调换。电话：010 - 88191545）
（版权所有　侵权必究　打击盗版　举报热线：010 - 88191661
QQ：2242791300　营销中心电话：010 - 88191537
电子邮箱：dbts@ esp. com. cn）

# 前　言

　　本书通过对晚清《公司律》移植实践和实施效率的再检视，展开对制度移植效率一般规律的探讨。制度是一个不断继承、借鉴与创新的过程。晚清政府试图通过移植西方公司法以推广公司制，进而推动工业发展和经济繁荣，但实施效果却不如预期。为何当时先进的公司法移植到晚清中国却没有产生预想的全国性积极作用？是否广袤中国不同地区的公司法实施效果可能不同？这是本书展开研究的起点。

　　本书根据诺斯关于制度变迁的理论和晚清《公司律》颁布实施的史实，构建了制度作用于工业发展的逻辑模型：移植的公司法（制度）通过降低公司设立和运营的交易成本，推动公司制在市场的运用，以帮助企业获取潜在的盈利机会；这个过程客观上促进了分工的深化，推动了工业化发展。在这个模型中，公司法的移植过程受到"政府的执行力"和当地的"非正式规则"环境两个因素影响，公司法对工业化的作用过程是通过对"盈利机会"的把握实现，因此"政府执行力"和"非正式规则"是公司法推动工业化发展的调节变量，"盈利机会"则是这个过程中重要的中介变量。在对《公司律》实施效果的具体分析中，考虑到当时口岸地区和非口岸地区在"非正式规则"环境和"盈利机会"方面都有显著差异（"政府执行力"因素全国相差不大，所以本书暂不考虑），因此推测《公司律》可能在口岸地区和非口岸地区的实施效率会有不同，口岸地区因为活跃的经济和非正式规则的变迁，可能更适合《公司律》的移植、进而产生对工业化发展的积极推动作用，而在非口岸地区，这个作用不明显。

为了验证这个理论假设，本书采用双向固定效应模型作为基准模型估算公司法颁布在不同地区对早期工业化的影响，采用因果逐步回归检验法探索公司法影响早期工业化的内在机制。发现口岸地区和非口岸地区的工业化差距在《公司律》颁布之后出现明显增大；相比非口岸地区，《公司律》对口岸的工业化发展的作用更显著。只是因为口岸数量有限、口岸经济在当时整个国民经济中占比不大，因此并不能扭转对《公司律》作用不大的整体评价。但对《公司律》在口岸这些"小"地方能产生积极实施效果及相关作用机制的探索，具有"大"的理论意义和现实启示。这个研究结果再次证明移植制度是否具有生命力、能够存活下来，并不取决于当权者的意愿，也不取决于精英们的理想设计，而是最终取决于移植制度与本土非正式规则环境的碰撞过程，取决于社会需要以及移植制度与社会各要素的互动。本研究的政策启示也是很明显的，首先，经济改革的实施效果是与商业环境密切相关的，所以在推行改革措施的时候，应该重视商业环境的改善，使之相互配套和相互促进。其次，正式制度的实施往往受到非正式制度的影响，所以应该充分认识到改革的复杂性和渐进性，致力于改善人们的社会观念、思维方式和行为方式。

本书对于《公司律》实施效率的再讨论，在已有研究的基础上从以下几个方面进行了创新：

第一，众多关于近代公司法制度的研究，大都采用历史叙述方法，内容多集中在《公司律》的颁布背景、颁布过程、内容的分析和对比以及对经济的影响等方面，较少通过"新制度经济学"理论框架对制度移植效率背后的决定性机制进行分析。本书从制度移植的角度分析《公司律》在晚清不同地区对工业化发展产生不同作用程度的根源，是对此前文献的扩展和补充。

第二，学者及时人对《公司律》的评价大都是从全国范围作整体性评价，或者针对某些个案下结论，很少对实施效果的地区差异进行深入探索。本书观察到晚清时期的条约口岸和非口岸地区在非正式规则和盈利机会方面的差别将影响《公司律》这个舶来成文法的移植效率，以及对工业化进程的推动效果，因此本书主要围绕《公司律》实施效率的地区差异展开研究，证明《公司律》在口岸地区对工业化有显著的推动作用，因此具有更有效的实施效率。这种准自然实验的对比研究有利于我们对制度移植理论有更深入的理解。

第三，之前关于《公司律》和近代商法的研究，受限于数据资料的有限性，基本都是以规范分析为主，尚缺乏通过系统量化实证方法进一步论证《公司律》实施效果的研究。本书通过构建双向固定效应模型估计《公司律》实施效果的地区差异性，采用因果逐步回归检验法探索口岸地区公司法对工业化产生积极推动作用的内在机制，使得对《公司律》的研究由理论推论深入到事实验证，从"制度是重要的"深入到"制度如何发挥效力"的探讨，总结制度作用于经济的一般性原理。

本书以对工业化的推动效果作为衡量《公司律》实施效率的评价指标，推断和估算出晚清《公司律》在口岸地区的实施效率显著高于非口岸地区，说明《公司律》的颁布并非完全失败。学界对《公司律》实施效果评价的褒贬不一，实际上是可以辩证统一的。少数城市（主要是通商口岸城市）较为显著的实施效果被全国平均之后，看起来已经"无足轻重"。全国意义上的平均与局部地区的效果构成对比，前者是对《公司律》作用持否定态度的基础，后者是持积极看法的原因。总的来说，《公司律》实施效果的地区差异性，根源于近代中国口岸城市与内地地区工业化演变遵循不同的轨迹和路线，更说明即使我国是历史悠远、文化积淀深厚的国家，移植规则也是能融入当地并发挥积极作用的，关键在于制度是否有需求，以及正式规则对非正式规则的尊重、非正式规则对正式规则的兼容。同时，本书对中、英、日的早期公司法产生过程及背景展开对比分析，说明吸纳传统社会规则与移植外来制度同样是一个国家制度发展进步的必然途径。重要的是，需要对移植制度背后的原则和范式进行重组，将本土文化传统和外来制度在知识上形成整合和扬弃，才可能使得移植制度在实践中完成从制度到文化层面的转变。

# 目　录

# 第 1 章

# 绪　　论

## 1.1　研究目的和意义

经济学家道格拉斯·诺斯在其著作《西方世界的兴起》（2017）中指出：有效率的经济组织的出现是经济增长的关键。经济组织的形成和发展主观上是一个逐利的过程，客观上却为交易费用的降低和效率的提高提供了可能性。17～18世纪西方资本主义国家的发展就是通过公司形式聚集资本、发展大规模工业化市场经济的模式。在当时的这种大潮流下，晚清时期的社会精英认为公司制度是提高中国经济竞争力的关键因素、实业救国的成败所在也是自然的。当时的公司制度代表了近代商业以扩张主义和追求利润最大化的规模经济主导的资本主义模式（苏基朗，2013）。

公司制度并没有在中国自然而然地产生。晚清政府为了推动公司制度在中国的运用和普及，特颁布《公司律》提供制度上的保障。公司法和公司形式是晚清政府试图引进的两种西方制度，这两种制度对当时西方资本主义国家的工业发展和经济繁荣都起到重要的作用。但是移植到晚清中国的公司法——《公司律》颁布后，其产生的影响力和推动作用却颇有争议，否定的评价和肯定的态度同时存在，且都有支持性证据。[①] 为何会出现如此矛盾的情况呢？为何在西方发达国家中起到积极推动作用的公司法，移植到晚清中国后却出现争议性后果呢？

《公司律》是一种典型的移植法律制度，因此，对《公司律》的争议可以放到一个更大的框架下，就是在"制度是重要的"这个共识下，移植先进制度是否会影响经济表现，以及如何影响经济表现。伯克维茨（Berkowitz，2003）的研究表明，作为法律实施效率的决定因素，法律制度的移植过程比法律制度的来源更加重要。因此本书侧重于对《公司律》这个舶来法律移植过程的分析。诺斯（2014）的研究认为，一个制度体系由正式规则、非正式规则和制度的执行特征构成。制度体系中受变迁影响的层面越多，制度变迁对经济表现的推动力就越大，也就是说，如果正式规则发生变化，非正式规则是否同步变迁将成为影响正式制度实施效率的关键因素。因此本书循着这个思路，观察晚清中国不同地区关于工商业的非正式规则是否不同，以及这种不同是否导致《公司律》对工业化的推动作用出现地区差异性。

关于《公司律》对经济表现影响的已有研究，基本都是从整体把握的定

---

① 比如有研究者认为《公司律》的内容与当时的商事习惯不合，难以推行（张忠民，1997），《公司律》产生的作用"连个小涟漪都算不上"（江眺，2005）。也有研究者认为《公司律》颁布后，华商附股洋人企业情况明显减少，纷纷集资创办近代企业（朱英，1993），资本和经营规模较大的企业在《公司律》颁布之后陆续出现（李玉，2002）。

性讨论：条款分析或者案例分析、纵向比较或是横向对比、法律视角抑或经济视角甚至跨学科综合，林林总总。但很少分地区展开分析，且缺乏《公司律》对经济影响的内在机理研究，也尚未见量化实证来佐证理论分析结论。因此，无论是要补充现有的研究空白，还是要以古鉴今、启发未来，本书的研究都具有独特的意义：

首先，尽管本书的主要内容属于历史性研究，但是分析结果却具有明显的现实意义。李泽厚（2008）在其《中国近代思想史论》中提到："之所以应该重视中国近代史的研究，也正是在于中国近百年来的许多规律、因素、传统、力量等等，直到今天还起着重要的作用……"，这一说法，对于本研究也同样适用。中国法律制度的发展，以晚清为分界线，之前是以自发发展为主线，之后则是在继承中不断借鉴和创新的过程。近代之前，"由于中国封建法律文化主导以及自然环境相对封闭等原因，中国法律制度的发展体现为一种自给自足的形态，即从本民族伦理道德、家法族规、宗教信条等其他社会规范中，或者从少数民族法制中汲取有益成分，促进自身的完善和发展，这种状况直至近代才有所改变"（张德美，2003）。《公司律》的移植和颁布是中国历史上第一次会通中外、发展本国法律制度的尝试，开辟了通过"承袭传统"与"借他山之石开拓创新"相结合来发展（法律）制度的新道路。回顾百年前晚清《公司律》的移植，无论是经验或教训，都值得后来者反思和借鉴。这也是本书写作的初衷。

其次，以往对中国近代公司法制度内容及具体实践的研究，往往遵循的逻辑是通过揭示公司法产生背景的特殊性和实施过程的艰难，进而解释实践结果的不理想，实际上只展示了浮于表面的冰山一角。如果把公司法实践效果的不理想，简单地归罪于近代中央政府的无能或没有眼光，或者是公司法本身的不完善，甚至是混乱的外部环境，就容易忽略问题的内核、没有触及问题的本质。如果只是以今人的眼光和标准对前人进行批判和指责，则往往没有对当时的环境约束和制度路径依赖进行深入思考，得到的结论或者失之适当，或者意义不大。《公司律》是晚清政府借鉴西方公司法的内容和逻辑，在中国封建社会末期推广作为新鲜事物的公司制，以推动工业化、繁荣经济所做的尝试和努力。本书试图通过刻画晚清时期，中外不同的法律逻辑和商业模式在中国这片古老大地相逢时，在特定环境中的相互对抗和相互作用，以及在这个过程中完成对企业的影响、进而作用于工业化的过程。对这种作用的外在制约条件和内在运行机理的深入研究，恰恰展现了正式规则和非正式规则在变迁过程中的相互影响和制衡，二者的交互很大程度上决定了正式规则的实施结果。本书以中国案例再次佐证了诺斯关于"制度变迁"的理论，并且从"制度是重要的"这个观点深入到"制度如何产生影响"的探讨。移植制度是制度借用的一种形式，不仅包括对国外先进制度的借鉴，也包括对本国现存的非正式规则的吸收。不能因为某些地区的效果不明显，或者其他约束条件的阻碍而否认制度移植的必要性和重要性，毕竟本土制度和外来制度的结合需要一个合适的时间周期和适宜的环境。本书希望通过聚焦在20世纪早期中国工业化曲折道路上，口岸地区和非口岸地区的商业利益与制度结合产生的制度性差异，为中国长期经济发展的制度设计研究提供有益的启示。

第三，关于《公司律》与中国早期工业化之间的关系，之前的探索都是以中国整体作为研究对象，作一个统一的结论，较少关注《公司律》实施过程中可能出现的地区差异，或者即使留意到也仅仅以一句、两句带过。本书试图打破这个"黑匣子"，以《公司律》颁布之前，晚清中国在口岸和非口岸地区的非正式规则已经出现差异作为切入点，运用诺斯关于制度变迁的基础理论，采用量化的方法论证《公司律》颁布后在口岸地区和非口岸地区实施效率不同的结论。本书的研究既是对近代公司法领域研究的有益补充，也为当今中国经济发展的地区差异研究，从历史角度和制度角度，提供一个可供参考的新的解释视角。

最后，本书的研究结论和建议将从制度制定和实施的内源路径的角度展开，并试图强调，在中国这个历史积淀深厚的国家里，试图完全靠自身的发展来突破制度瓶颈是不太可行的实践；另外，仅仅通过学习外部方法、引进外来经验以彻底解决中国经济发展中的问题，也是不太现实的设想。《公司律》移植过程中留下的经验和教训应引起人们足够的重视，在移植外来制度的同时，也需要在梳理中选择本土制度的合理因素，才能在外来法与本土法结合时游刃有余。

## 1.2 文献综述

一般而言，公司制度发展历经旧有企业惯例、公司制度、公司法律制度的发展逻辑，所以对近代中国公司法律制度的研究，离不开对近代公司发展的研究。这既可以管窥当时的工业化、近代化发展程度，也为公司法律制度研究提供政治、经济和社会背景。此外，晚清政府制定和颁布《公司律》，意在强国富民，与强国富民联系最紧密的就是"实业"。"愤于国力之弱也，则曰讲求武备；痛于民生之窘也，则曰讲求实业。"[1]"实业"主要指当时的工商业。因此，本书的文献综述包括对近代中国工商企业发展研究的梳理，以及对晚清《公司律》理论意义和实践效果的总结两个部分。

### 1.2.1 近代企业发展视角的中国早期工业化发展研究

开始于 19 世纪 60 年代的洋务运动可以视为中国早期工业化的起始。洋务派官僚创办的军工企业开启了近代工业化的大门，但其发展却是一路曲折。近代企业处在一个千年未有之大变局时代，传统文化遭受西方文明的巨大冲击，

---

[1] 《与同志书》，载《游学译编》1903 年第 7 期。

社会主动或被动的大变迁，政局更迭不断，都使得这个时期的企业发展走向有许多不可控因素。许多文献都已从各方面分析展现了中国近代企业发展演变的复杂社会背景、历史的传承、西方冲击的影响、政府的角色、个别先驱人物的作用以及脱颖而出的企业个案等等。这些对于近代企业发展的丰富研究，基本可以归纳为三类：第一类认为外生力量是中国近代工业发展的主要塑造力量，第二类认为社会传统与意识形态等内在因素是中国近代工业发展的主要原因，第三类则将中国近代工业发展的步履蹒跚归之于政府无为或政府掠夺。

### 1.2.1.1 外生力量对近代工业发展的影响

有学者认为，中国的发展在与西方接触之前是停滞的，或仅在"传统范围"内变化（黄宗智，1993）。既然清代在本质上是无变化的，那推动质变的力量就是来自外部，于是有些西方学者将之归结为"西方冲击"的"中国反应"模式①。费正清认为中国相对稳定的传统秩序一直延续到 19 世纪，直到一个截然不同的西方文明强大冲击，给中国注入现代化力量，并永久改变了中国的社会和政治。中国近代的现代工业与工业化是外生的，采用了后发国家无一例外的技术引进和追赶策略。受这种哈佛学派的"冲击—反应"模式的影响，一些国外著作研究了中国近代企业在西方影响下的产生和发展，比如郝延平（1988）关于买办的研究《十九世纪中国的买办：东西间的桥梁》、刘广京（1988）关于轮船招商局的研究、芮玛丽（1957）的《中国保守主义的最后一战：同治中兴，1862—1874》、费维恺（Albert Feuerwerker，1958）的《中国的早期工业化：盛宣怀与官督商办企业》等等。国内的部分研究虽然不一定都强调西方的冲击，但仍强调现代企业的产生是受到西方的影响、向西方现代企业学习的结果，比如聂宝璋（1979）的《中国买办资产阶级的发生》、胡滨和李时岳（1988）的《从闭关到开放——晚清"洋务热"透

---

① 这个模式是由美国学者费正清教授提出并主导，在他的著作《中国对西方的反应》《东亚文明史》等都有深刻的论述。

视》、汪敬虞（1986）的《中国资本主义现代企业的产生过程》、张国辉（1986）的《论中国资本主义现代企业产生的历史条件》等等。对于西方冲击和西方企业的影响，除了上述研究表达的相对积极的作用，也有研究认为，在华国外企业因为不平等条约的签订，在中国享有税费、法律保护等特权，对中国近代企业形成了直接的不公平竞争，对其发展有较大的阻碍（Cheng Yu-kwei，1956）。

考虑到近代企业的发展处于一个非常特殊的时间段，西方文明的冲击、西方列强的入侵都给这个时代打上了强烈的烙印，近代企业的发展不可避免地受其影响。近代企业的发展节奏和西方工商业进入中国的进程看似是合拍的，但西方冲击是否是近代企业发展轨迹的决定性因素却值得商榷。例如有限责任公司对于近代中国是外来概念，尽管其有筹资快、风险小等优势，但近代中国仍有不少企业选择采用无限责任公司的形式，因为其管理模式更接近于中国传统的家族企业，其中荣氏企业就是很典型的例子。又如当时欧洲时兴的两合公司，看似结合了有限公司和无限公司各自的优点，但在中国市场因为实践方面的不便，终究没有发展起来。由此可见，近代中国商人对于西方文明，是抱着务实的态度、以是否合适本土环境并为己所用为标准来选择的。此外，对于必须面对的外来企业的不公平竞争，近代企业也并没有那么不堪一击。事实证明，国外企业虽然借助各种不平等条约的签订而在中国享有一定的特权，但由于语言文化差异、流通渠道限制以及原材料成本等因素影响，在很多行业不一定具有优势，众多外国工厂经营亏损、破产、出售的例子，表明它们并不都适应中国的商业环境。比如罗斯基（2009）的研究发现，1933 年的中国市场，外国工厂生产的产品只占整个工业产出的 27%。因此，把西方冲击或外企竞争定义为近代企业发展轨迹的关键决定因素显然有夸大的成分。

当然，虽然西方冲击或外企进入不能定位为近代企业和近代中国经济发展轨迹的决定因素，但其影响却是不能忽视或否认的。西方企业的进入，对近代中国部分地区（主要是通商口岸及周边地区）工商业相关的非正式规则转化起到了重要的示范和推动作用。这种非正式规则包括对商业和商人的推崇、追求利益最大化等价值观和意识形态，这些新的观念是对中国传统商业伦理巨大的挑战。在文化传承久远且相对稳定的中国，工商业观念能发生颠覆性变化，离不开外在力量的刺激和导入，在晚清时期则主要源于西方工商业的入驻和西方制度的传入。因为近代外国在华投资是在列强强迫中国签订并接受不平等条约的背景下发生的，因此这种投资性质有了变异，带有了一定程度经济侵略的性质；但是客观上对中国近代经济的发展起到了一定程度的正效应。外国投资有利于中资企业的仿效行为发生，吉尔伯特·罗兹曼（1988）认为，"任何企业家只要能有效地制造并销售其产品，就能获取利润。外国企业家在现代技术、信贷以及对国际市场行情的掌握方面，优于中国企业家，但中国企业家在雇佣劳动力、获得本地产销信息方面同样也优于外国企业家。中外企业家究竟谁最有优势，实际上要取决于变幻莫测的市场情况"。学者高家龙（2001）在研究了1890～1930年英美烟草公司与南洋烟草公司的竞争和发展后，认为这两家都是非常成功的大企业，而且是因为二者的直接竞争导致了他们的成功。中资企业与外资企业之间的竞争几乎遍及当时中国的各个产业和行业，但是市场的活力也正来源于此。在外资企业尚未正式进入的甲午战争之前，中资企业，受限于传统"重农抑商"的制度，并没有发展起来，因此似乎可以得出一个结论：晚清时期虽然有外资企业扩张的冲击，但中资企业在一定的约束下和与日俱增的竞争中，也迅速成长起来。因此有学者认为，外国在华投资对中国早期工业化的启动和发展、对中资企业的成长和壮大、对市场的扩大和市场制度的建设等也是有推动力的（陈平谦等，2002；杨德才，2007）。外资企业无论客观或主观上都有明显的"溢出效应"，包括"示范效应"和"模仿效应"。[①] 这些外资企业是"中国

---

① 相关内容参考贺水金（2020）、杨德才（2007）的研究。

资本主义生产方式的先行，它对稍后发生的中国资本主义企业，客观上起着带头、示范、开风气之先和准备技术力量等作用"（姜铎，1982）。但外国投资所产生的这些效应能否发挥出来、对东道国的民族产业和企业能否产生带动作用，主要取决于东道国民族企业的投资能力、投资冲动，和当时的政治结构（Elvin，1982）。晚清的政治结构较弱，包括当时的半殖民地政治状态，也包括担负领导近代中国经济发展重任的晚清政府的软弱，因此尽管外国在华投资不少，但中国并未借此机会发展起来。

因此，对晚清时期外国投资的分析，一方面我们应该认识到中资企业的发展并非依赖于外资企业的刺激，另一方面我们也应承认外资企业的示范效应和溢出效应。虽然近代外国在华投资的进入及其对中国资源的肆意采伐是一种赤裸裸的强权侵略，是为了实现其在中国盈利的长期化，然而中资企业在极其不利的政治和经济环境中，依然倔强地成长起来，这应该是外国投资者没有想到的。从这个角度而言，近代的这个外生力量在客观上又推动了中国经济的进步。

### 1.2.1.2　内在因素对近代工业发展的影响

与冲击 – 反应模式相反，有一部分研究者认为，中国近代企业的起源与发展虽然受到西方的影响，但其形成渊源和发展轨迹始终是中国内部的（吴承明，1985；柯文，1989；曾小萍，2008）。

有研究表明，在受到西方的经济影响之前，中国已经出现了"资本主义萌芽"。因此吴承明（1985）认为近代企业的起源与传统经济密不可分。明清时期封建生产关系已松弛和衰落（李文治，1993），经济已经出现大规模商品化（罗维，1984），国内市场已经形成（吴承明，1985），因此明清时期已有资本主义的雏形，当时的市场、金融制度的发展已经为近代公司制的产生提供了某些条件（郑学檬，2001；彭凯翔，2006）。我国传统的合伙制企业经过不断发展，到 15 ~ 18 世纪也已经具备了近代股份公司的因素（刘秋根，2002）。曾小萍（2011）研究近代中国的契约与产权，认为清朝末期的政府给私人财产体制提供了认可和保护，只是中国的产权所属的基本单位是家，不是个人。而且，合同从清朝开始，已经在民间社会被广泛运用。这些观点都挑战了一些传统成见，认为政府保护和契约的缺乏是阻碍中国建立现代企业制度的重要原因。之后，曾小萍（2014）以自贡为研究对象，指出西方进入中国之前，自贡已经建成了"中国最大的工业中心"，这里的企业家们"建立了大规模的横向、纵向一体化企业"，自贡的企业也实现了营销和原材料供应的一体化，甚至还出现了专业的管理人员。有研究者认为，曾小萍的研究恰恰表明"企业的制度和组织形式是社会、经济环境的产物，是企业家理性选择的结果，而不是向先进文化学习的产物，起码不完全是"（高超群，2015）。

中国近代企业的发展，许多研究者立足于个案分析，以点窥面地展现企业经营的历史背景、经营过程及内在动力。比如柯丽莎（Elisabeth Koll，2004）对张謇的大生纱厂作了详尽的描述，她对两种制度——西方的公司结构和传统的中国家族企业——如何塑造大生集团作出了令人信服的解释。黄绍伦（Siu-lun Wong，1996）、雷丁（Gordon Redding，2009）等的研究强调华人企业家在市场上的地位是通过建立地区之间的特殊关系网络实现的，认为华人企业的成功源于社会关系网络的建立。韩格理（Gary Hamilton，1991）则指出，血缘及地缘关系是近代中国民间商业组织的基础。这些研究都试图从近代企业运营纷繁复杂的因素中找出其内在的动力，以及这种内动力和传统之间的深刻联系。

不过，上述观点的不足之处在于忽略了近代社会变迁、制度改革的背景下，近代企业发展过程中的新鲜因素，比如买办的形成和作用、商会的角色、商人地位的改变，以及部分地区非正式规则环境的演化等，都在近代企业发展的轨迹上有明显的塑造作用。社会传统和意识形态对企业产生重要影响的关键还是在于这些传统和意识必须符合企业发展的需要，符合相关群体的利益需要。正如柯博文（Parks M. Coble，2003）和高家龙（Sherman Cochran，2002）的研究指出，许多企业家在战乱期间的选择，大都是基于公司及家族存亡的理性选择，而不是民族主义的抽象概念。

### 1.2.1.3　政府角色对近代工业发展的影响

中国近代企业的发展历程是一幅宏大的画卷，在这幅画卷中，政府行为对企业的影响毫无疑问是重要的一环。已有研究对政府作为的分析，主要从看似矛盾的两方面展开：政府无为和政府过为（掠夺）。认为政府无为的观点主要是政府对企业发展的支持和引导太少，缺乏必要的保护和扶持。比如陈锦江（Wellington K. K. Chan，2010）通过同时期的中日比较，指出晚清政府对企业的支配和控制并非太多，而是太少。江眺（2005）通过对晚清《公司律》的深入分析，指出政府本应扮演商人利益守护者的角色，但却因为自身的孱弱而缺失了。北洋政府时期，政府非常重视企业的发展，农商部曾颁布《公司保息条例》以发展实业，但终因捉襟见肘的财政状况而未真正得到有效执行（虞和平，1993）。

另外一种观点是认为政府对企业运营干预太多，以致企业流弊丛生，腐败横行。例如费维恺（Albert Feuerwerker，1990）通过对四个主要官督商办企业的研究，揭示政府的过分干预是官督商办企业失败的重要原因，他认为在传统社会的框架内，制度层面的一次突破要比十几个纺织厂或轮船公司显得更加重要。黎志刚（Chi-kong Lai，1992）关注轮船招商局的兴衰过程，认为政府官员的介入是轮船招商局走向衰弱的重要原因。关文斌（Kwan Man Bun，2017）深入分析了久大公司如何争取市场，以及如何处理与不同时期的政权的复杂关系。季肇瑾（Zhaojin Ji，2003）以上海银行的发展为线索，展现北洋政府时期民营银行的自由发展，对比国民政府时期政府对银行业的干预增强，且鼓励国营银行之扩张。

这些研究都表明，中国近代企业的发展，与政府的行为息息相关，因此，认为政府行为（无为或过为）是影响近代企业发展轨迹的主要因素之一是有道理的。问题在于，政府并非近代企业发展历程中的唯一角色，它更多的是通过与企业家（商人阶层）在地位和力量上的博弈来实现自己的定位。程麟荪（Linsun Cheng，2003）研究近代银行的发展过程，认为一大批有专业背景的银行家是中国银行业成功转型成现代金融企业的关键，他们带来的银行业务的创新及管理的革新，是中国的银行迅速发展的根本原因，而不是之前学术界认为的政府支持的原因。可见，商人阶级的构成和社会地位的变化在不断改变政府与商人之间的博弈力量，而这种博弈互动成为中国近代企业发展模式重要的影响力，并塑造了企业的发展走向。

## 1.2.2 晚清《公司律》的研究

我国对于《公司律》的研究，主要从新中国改革开放之后开始。改革开放之前，以计划经济为主的经济体制下，对公司法的研究没有需求。改革开放之后，公司这种组织形式重新出现，公司立法的研究得到重视。伴随着新中国第一部《公司法》颁布实施①，追溯公司法史实的文章开始出现。② 学界关于1904年《公司律》的研究，视角多样、成果丰厚，总的来说可以归纳为三类：第一类是关于《公司律》的制度内容，第二类是《公司律》的颁布意义，第三类是关于《公司律》实践效果。因此本书也以这三方面为线索，展开关于《公司律》对早期工业化影响研究的整理、总结和述评。

### 1.2.2.1 晚清《公司律》的制度内容

中国没有商法制度的传统，因此在编撰《公司律》之时主要移植西方成

---

① 《中华人民共和国公司法》在1993年12月29日经由第八届全国人大常委会讨论通过，并于1994年7月1日起正式实施。
② 见胡勃（2009）。

熟商法，自然是一条便捷且有效的途径。但西方国家商法存在大陆法系和英美法系的区别，清政府最后选定大陆法系作为参照样本。正如封丽霞（2002）指出，"清政府最后选定大陆法系的德国模式为参照来实现中国传统法律的西式法典化，其中一个尤为重要的原因是出于移植技术上的考虑。具体言之，当时中国社会迫切的现实需要、人们急功近利的心情、法典编纂者的自身局限性，以及英美法移植的技术困难，都决定了清末的修律者们只能选择'速成'和'偷懒'的方式完成任务，即舍弃内容零散、体系混乱的英美法，而选择分类井然、体系完备的法典法"。

我国晚清《钦定大清商律》也是更多地吸收了《德国商法典》的成果，范键等（2005）认为，"《德国商法典》也对许多国家产生了深远的影响，直接或间接地以德国商法为范例而编制或修订本国商法或制定商事法规的国家，即主要有奥地利、瑞典、挪威、丹麦、日本，以及清朝末期的中国等"。晚清政府修订商法时，已经注意到了日本明治商法是借鉴德国商法。因此，晚清政府制定《钦定大清商律例》时，虽然只是声称要仿行西法，却未明确要以何国的商法作为模仿借鉴的目标。但自光绪二十七年（1901 年）张之洞、盛宣怀等提出中国的变法修律应"格物制造，取法于英美，政治法律，取法于日德"[①] 的主张后，在商法草案拟订过程中，即以"远鉴德国，近采日本"，从而将德日新商法典作为中国新政的商法法典的主要蓝本。

从《公司律》的主要内容看，《公司律》共一百三十一条，分列十一节。任满军（2007）根据《大清法规大全》[②] 中记录的《公司律》内容，总结认为，"第一节公司分类及创办呈报法，计三十二条，主要内容有：公司的法律定义；四种公司形式及其各自注册程序和条件要件。其中有限责任的有两种，即合资有限公司和股份有限公司。无限责任的也有两种，即合资公司和股份公司。第二节股份，计十二条，主要内容有要求附股人无论华商还是洋

---

① 《光绪政要》卷二十七。
② 《大清法规大全》第六册，台北：考正出版社 1972 年版。

商一体遵守；实缴股本不得以债抵充；股份共有，由出名人负责，但权责在公司内部可细化；股票可自由转让，但需到公司注册登记；股银的续缴以及股东地位平等。第三节股东权利各事宜，计十七条，主要涉及股东会议所议事项须会前半月布告；股东会的年度会议和特别会议；股东会议记录及其决议侵权的补救；备置股东名册；股东查阅账簿及公司资料权利（部分秘密资料则不可查阅）。第四节董事，计十七条，规定董事的公举及其更换，董事的禁止性行为，董事对公司总办或总司理人（总经理）的聘任及开除等。第五节查账人，计六条，规定查账人的产生、任期、兼任禁止及查账人的查账权利。第六条，董事会议，计十三条，主要规定董事局会议的召开和议事规则，采用人数决定主义，会议记录、每周的寻常会议及特别会议等。第七节众股东会议，计七条，主要涉及股东会主席的产生，股东会寻常会议和特别会议两种类，股东会的提案及其通过规则。第八节账目，共六条，内容主要有账目年报及其内容、查账人查阅、股东查核、盈余分利以及公积金的提取。第九节更改公司章程，共七条，主要规定变更公司章程的程序、增股登记等。第十节停闭，共六条，列举公司停闭的情形、清理人的产生、清理人的职权及停闭公司账册由股东会通过。第十一节罚则，共六条，主要对相关责任人违反公司律强行性规则行为的处罚"。

从《公司律》内容安排的特点，可以管中窥豹到当时社会工商业发展最明显的矛盾和最渴望的诉求。该律确立的核心内容包括以下几项。

第一，《公司律》内容中最引人注目的当属"有限责任"原则的确认。中国商业传统中商人承担的一般是无限但不连带的法律责任，这给商人带来了沉重的负担，从而极大地抑制了商人投资的热情。近代洋务企业中，虽然注意引进西方近代股份公司的筹股和经营方面的方法，但却未明确商人股东的有限责任。筹办公司最要者亦最难者，无疑是股款的募集，而传统的无限责任显然对于公司的设立构成了极大阻碍。于是西方新型的有限责任形式自然成为商人的商法理想。"考西人定律，公司分为二等。一曰有限公司；一曰无限公司。所谓有限公司者，凡执有股份票之人，遇公司当亏欠累累之际，除每股预定额付若干外便可脱然无累。若无限公司，至资本荡尽而犹不足，债主仍须向各股东催索，直至一无蒂欠而后已，犹华人之合会然。……西人近来所设大半皆有限公司，俾人之无后患之虑，招股自易，入股自多，所以所设公司可日增一日，而商务亦日大一日。中国虽亦有效而行之，则尚如晨星之可数，而风气终未大开，商务所以终未有起色。"[①]

《公司律》的诞生，基本满足了商人的这一有限责任的法律理想，消除了出资后的无限责任牵累的忧虑。有限责任制度的引入，无疑极大地刺激了商人的投资热情，也有力地推动国内近代公司的迅速发展。许多公司在其创办章程和招股章程中，直接明确宣称有限责任，并视为广告用语，以此吸引投资人。"日后公司设有亏欠，尽公司产业变偿，不得另向股东追补"[②]。又如，"股东责任以所认定之股份，股份以外如有损失，概不负责"[③]。

因为当时清政府制定《公司律》，目的之一是为了吸引中国商人投资中国企业，而不是附股西方企业，因此很大篇幅是关于"有限责任"的法条，对其他法条不够重视，也因此被诟病为结构缺陷（汪敬虞，2000；李玉，2002）。然而杜恂诚（2017）指出，这是"在各国法律制度演进过程中经常出现的情形，可以通过法条的修订逐渐取得平衡"。《公司律》对"有限责任"原则的重视，背后的逻辑在于希望通过这个原则减小投资者的风险，带动投资者的热情，鼓励更多资本进入工商实体，而不是投入田地宅院的买卖。张忠民（2002）认为，《公司律》首次在法律上确定了"有限责任"的法律地位，确立了"股份有限公司"的企业组织形式；"股东有限责任"挑战了传统的债权观念，使得中国传统法律中强调的"义务本位"逐渐过渡到"权利本位"，并使得私权神圣的观念渐入人心；为中国的商业经营带入新的理

---

① 《行商必籍公司说》，载《皇朝经世文统编》卷六十三。
② 《山西省同蒲铁路总局开办章程》，载《商务官报》1907 年第 23 期。
③ 《度支部厘定各银行则例》，载《官务商报》1908 年第 2 期。

念和模式。马建兴等（2006）也指出，这是中国历史上第一次引入有限责任的概念，使投资者回避投资风险，不致像中国传统的独资或合伙经营一样，因为破产而倾家荡产，这对投资者是很大的鼓励和有效的保护。科大卫（David Faure，2002）认为"有限责任"确立的最大意义在于使得筹措资本变得更为方便。

第二，《公司律》的规制内容中另一个显著的进步就是对于公司设立由之前的特许制变为准则成立制：即公司成立，只要符合基本要求、提交材料到商部注册即可，不需要经过政府层层审批和许可。方流芳（1992）认为，"从特许制到准则制标志着市场由垄断到竞争、由封闭到开放、由分割到统一的历史转折，而这一转折正是通过公司法的变革实现的"。

第三，关于公司的治理机制。虽然在中国《公司律》颁布时，我国的作为商法制度基础的近代民法尚未成熟，因而在《公司律》颁行时，尚没有建立起系统的法人制度，因而公司律中的公司不可能获得法律上的独立人格，但是经营管理的新模式——公司分权治理机制却在《公司律》中得到系统的设置。公司治理机制，究其构造而言，就是指由股东或出资人、董事会和公司高级管理人员组成的管理机构对公司经营活动进行管理。由于公司物质资本所有权主体众多难以亲为管理，同时企业规模扩大和市场复杂性，公司出资者难以适应这种专业性要求，"这就迫使物质资本所有者放弃对公司的直接占有和控制，而把经营权委托给具有经营能力的经理，于是便出现了所有权和经营权的分离"[①]。这种公司治理机制可溯源全 1600～1602 年英国和荷兰的特许贸易公司所创立的董事会领导下的经理人员经营制度（梅慎实，1996）。后来逐步完善成由股东会、董事会、经理人和监事人分权制衡的公司内部权力运营结构。对于中国企业而言，传统组织模式以独资和合伙为主，并未发展出公司制模式。即使到晚清出现披着公司制外套的企业，但其运作

---

① 刘细良：《构建我国经理法律制度的宏观思考》，载《财经理论与实践（双月刊）》2022 年第 11 期，第 121～124 页。

实践、管理模式仍未脱离传统模式。以洋务企业为例，无论官督商办还是官商合办，甚至是商股商办，内部的企业管理依然是以专制为特色的家族式管理，官衙习气严重，难以适应现代企业的发展。著名的汉冶萍公司可谓之典型，正如汪敬虞（1957）指出，"汉冶萍公司虽名商办公司，其腐败之习气，实较官局尤甚"。这正如学者指出的，"在近代企业兴起之初出现的官办、商办之争，反映的实质说到底也就是公司治理结构的问题"（张忠民，2002）。

在近代企业中，国家行政权力介入公司内部管理的程度过重，使得公司分权管理模式难以真正形成，公司并没有真正获得自我经营的独立性。在官督商办的经营体制下，"由官总其大纲"①，实际上便排斥了公司内部的自我管理和分权治理。也正是由于这种"官督"模式，根本不适应公司治理，所以洋务企业的破产不可避免。1904 年初《公司律》的颁行，填补了公司治理的立法空白。但由于在当时属初期公司实践，尚未形成成熟的经理人和监事人阶层，因此，《公司律》将公司内部治理权限主要赋予了董事局和股东会议。因此，《公司律》首次以法律形式规定了股东会议、董事局、总司理以及查账人的公司分权治理模式，从而为清末公司法制的发展构建了一个法律框架，尽管其中各管理机构的职权分配不尽合理，议事规程未尽科学，但对于素无分权治理意识的晚清来说，这已是实质性的发展。这种新型的经济管理模式在中国的出现，初步满足了新兴工商经济的法律需要，从而有利于新型公司形式企业的成长。

第四，关于公司的产权制度。在中国传统法制框架下，商人对其所设店铺承担着无限经济责任，店铺的资产即是商人的资产，两位一体，自然谈不上商铺独立产权的法律问题。产权，究其本义，是指出资人对其投入资金的企业实体所拥有的财产权利，内容涉及多方面，包括出资权、债权、物权等等。清末《公司律》明确规定了股东的股权，"无论官办、商办、官商合办

---

① 李鸿章：《论试办轮船招商》，同治十一年十一月二十三日，收录于《李文忠公全集》第一卷。

等各项公司及各局（凡经营商业者皆是），均应一体遵守商部定例办理"（第30条）。"附股人无论华商洋商，一经附搭股份即应遵守该公司所定规条章程"（第35条），"附股人不论职官大小或署己名或以官阶署名，与无职之附股人，均只认为股东一律看待，其应得余利暨议决之权以及各项利益与他股东一体均沾，无稍立异"（第44条）。可见，《公司律》将股东的出资形成公司独立财产，而分配给股东以股权，这样将股权平等原则落实到法律文件中，对于规范股东投资行为、规范公司的经营管理、激发股东的投资热情，起到了积极的作用。

第五，关于政企分立制度。晚清时期的公司股份制度，并不是中国本土经济发展的自然产物，而是洋务派依据政治权力的实践产物。西方的股份公司制度舶入中国后即发生了变形，形成了不伦不类官督商办股份制公司，这样就扭曲了人们对股份公司制度的正确认识，使得近代公司制度在中国走了一段较长的歧路。《公司律》的颁行，以法律形式来规制政府行政权力对企业的宏观控制，并限制政府权力对企业内部管理决策的介入。即使是官股，也只能作为出资股份中的成分，政府也只是一个股东，而不享有特权。"无论官办、商办、官商合办等各项公司及各局（凡经营商业者皆是）均应一体遵守商部定例办理。"（第30条）公司律颁布后，政企分离的态势愈发明显，初步构建了政企分离的公司外部的正常关系。

此外，《公司律》亦是中国近代第一部涉及股票发行的法律，"在客观上结束了清末以来中国公司发行股票无法可依的窘境，为中国近代股票发行的准则化奠定了基础"（朱海城，2018）。与此同时，《公司律》规定无论何种性质的企业，均应遵守公司法和商部定例，体现了"股权面前人人平等"的先进思想，是中国公司制度建设中的一大进步（张忠民，2002；胡勃，2009）。总的来说，《公司律》以法律的形式肯定了工商业者的社会地位，为工商业者的经营管理活动和合法权利提供了某种保护，也为商事诉讼提供了法律依据，在中国的法制史、经济史上都是一个巨大的进步（李玉，2002；

马建兴等，2006）。

### 1.2.2.2 晚清《公司律》的意义

晚清《公司律》的实施随着晚清政府的灭亡而结束，因此整个时段并不长，从 1904 年颁布到 1911 年不到 10 年，但意义重大。首先，在《公司律》颁布之前，对于传统中国而言，法律上并没有公法和私法之分，也没有民法和刑罚之别，更没有单独针对商事的法律。因此江眺（2005）指出，晚清《公司律》是中国历史上第一部权利本位的法律，改变了传统法对私权的漠视，倡导私法自治和私权保护。魏淑君（2006）认为，虽然这部法律被指责为全盘移植西方现代法律制度，但其在理论上构建的"私法自治"的概念——鼓励商人在合法的范围内追求财富、限制政府的权力，在当时的中国社会具有里程碑式的意义，因此也被冠以"中国法制现代化开篇之作"的特殊身份。

其次，从《公司律》的制定背景和原因展开分析，可以观察到当时社会的统治阶层与商人阶层、新思潮与传统观念的碰撞与交融。不少学者认识到，《公司律》是从政府层面通过立法，赋予中国商人和外国商人竞争的优势，以达到"实业兴国"的目标（李玉和熊秋良，1995；Kirby，1995；谢振民，2000）。杜询诚（2017）指出，《公司律》尽管粗糙，但既体现了法律现代化过程，也体现了以法的形式承认中国经济生活中所出现的新事物的法律本土化过程。马敏（2014）从重商主义和商法制定的关系，指出《公司律》的制定是近代重商主义思潮在最高决策层的推动下，转化为官方政策的重要体现。帅天龙（2000）则指出，《公司律》体现了晚清政府和维新思想家不同的制定目的：清政府认为公司法是维护专制统治的工具、解决财政危机的工具、对民族工商业进行控制的工具，以及收回治外法权的手段；而维新思想家和商人群体则希望公司法成为限制封建国家任意干涉经济活动的工具、鼓励资本主义工商业发展的工具、规范市场运作的框架。虽然两方的诉求不一致，但《公司律》的制定却切实反映了当时中国商人组织公司的新习惯（Faure，1996），同时反映了立法改革者和官员的思想与行为之间的相互作用（Roe，2000）。

### 1.2.2.3　晚清《公司律》的实践效果

法律实质上是一种地方性知识还是普世性知识，是学界颇有争议的一个话题。有一种观点认为法律实质上是"地方性知识"，这种观点主要意在批评法制后列国家对西方先进法制的盲从，反对西方法制所谓"普适性"的论调，也反对脱离本国实情去移植外法的做法。法律自是一种体系，凝聚着人们的创造性思维，然而这种创造是基于拥有一定知识量的人们根据当时社会形势的现实需要而有意形成的努力成果，故此且存着强烈的时代性和实践性特征。这便给法律的移植借鉴带来一个必然面对的难题，即被移植借鉴来的法律制度与将施行地区现实状况的契合度和兼容性问题。张生（2002）认为，"法律的价值之一在于它必须与特定的国情、民情相适应。一个成功的法律体系，既要具有推动制度、经济、文化进步和发展的导向性作用，更应与具体的国情、民情相适应，具有付诸实施的现实基础"。晚清修律活动中，酌取西法、中外通行的立法原则和目标，已经指明了移植西法的法律变革的模式，同时也决定了一个必然经历的法律本土化过程，这个过程在很大程度上决定了法律的实施效果。法律本土化，究实而言，系指外来制度与本土实情不断契合的长期且渐进的过程，是使外来制度对本土社会关系的适应性不断增强的过程。其方式有两条，一是在立法时，立法者应注意到与本地习惯、传统因素的适应配合。二是在法律施行中外来制度不断被改造而趋向于本地情况或本地情况不断地在外来法制的引导下得以发展，而逐渐符合外来法律的规定，抑或同时调整而使两者得以契合适应。在晚清修律的过程中，晚清政府对其变法宗旨、原则和目标也是侧重强调立法层面的本土化要求。光绪二十八年初清廷谕令"并责成袁世凯、刘坤一、张之洞慎选熟悉中西律例者，保送数员来京，听候简派，开馆编纂，请旨审定颁行。总期切实平允，中外通行"①。同年四月，著派沈家本、武廷芳"将一切现行律例，按照交涉情形，参酌各国法律，悉心考订，妥为拟议，务期中外通行，有裨治理"②。光绪二十九年十二月奏进《钦定大清商律》，时任商部尚书的载振也称他与武廷芳"会与函商，先将各国商律择要译录，以备参考之资"③。

《公司律》的内容从组织形式、股东责任、公司设立、股票发行以及官商关系等方面都试图为现代意义的公司制度在中华大地上开花结果铺平道路，但实际效果并未达到预期。对经济法律制度的实际效果的评价，一方面是从其在实际经济活动中的司法实践程度，反映国民在何种程度上接受了这个法律；另一方面则是其促进经济效率的效果。时人及学者对这个主题的观察和研究众多，结论却颇不一致。负面看法和正面评价同时存在，本研究也从这正反两个方面展开对晚清《公司律》实践效果研究内容的梳理和总结。

对《公司律》负面评价立足的基点是其内容缺陷，被普遍认为"体裁不齐，结构混乱"（杨幼炯，2012），"立法主义不一贯，存在重大缺陷"（魏淑君，2006），或者是缺乏对中国传统商事习惯的调查，"致多拂逆商情"④。因此有观察者发现，"政府一定《公司律》，再定《破产律》，虽奉文施行，而皆未有效力"⑤。比如马敏（1996）指出，在全部晚清苏州商会档案中，几乎没有商人援引《公司律》的记载。邱彭生（2000）在文章《禁止把持与保护专利——试析清末商事立法中的苏州金箔业讼案》中作出这样的评价，"因为主要是翻译搬抄外国的法令，晚清《公司律》中存在许多规定模糊的地方……清政府初次进行的经济立法工作因为移植性太强而难以顺利植入中国社会"。这些对微观案例的分析结论，正如有学者总结的，"《公司律》所产

---

① 朱寿朋编：《光绪朝东华录》第五册，张静庐等校点，北京：中华书局1958年版，第4833页。
② 朱寿朋编：《光绪朝东华录》第五册，张静庐等校点，北京：中华书局1958年版，第4864页。
③ 朱寿朋编：《光绪朝东华录》第五册，张静庐等校点，北京：中华书局1958年版，第5132页。
④ 天津市档案馆等编：《天津商会档案汇编（上册）》，天津：天津人民出版社1989年版。
⑤ 《上海商务总会致各埠商会拟开大会讨论商法草案书》，载《申报》1907年9月10日。

生的作用恐怕连个小涟漪都算不上"（江眺，2005）。究其原因，很多研究者认为是因为《公司律》的修订缺乏商人的参与，与当时的商事习惯不合，难以推行（郭成伟，2001；任满军，2007，张忠民，2002；等）。柯伟林（William Kirby）也提出同样的问题，被称为"柯伟林之谜"：为什么近代中国公司法没能达到它们的主要目的，也就是将现代公司打造成中国企业的主流模式，由此促进经济的发展（Kirby，1995；李玉，熊秋良，1995；Rose and Bowen，1998；方流芳，2000）？虽然这些文章着重于对公司法没能达到预期效果原因的追寻，但也间接承认了公司法作用微小。之后的很多研究也都沿袭了这个评价基调（郭瑞卿，2002；季立刚，2005；张大为，2013；赵吟，2014；孙喆，2018；李健，2020）。

相比前面相对负面的总结和评价，也有学者对《公司律》的作用持有不同的观点。比如有学者认为，20世纪初的中国商人常常引用商律中的《公司律》和《破产律》等条文以保护自己的权利（张海林，1996）。这个看似和前文矛盾的观点，源于对同一事物的不同解读视角。比如邱彭生（2002）在文章《禁止把持与保护专利——试析清末商事立法中的苏州金箔业讼案》中试图用所举金箔业之例来说明《公司律》太过超前以致普通民众运用不当，难以移植。而张德美（2003）则认为，这个案例并不能支持其关于晚清商事立法很难植入中国社会的论点，相反，这恰恰说明政府制定的《公司律》已获得利用，"无论是当事人注册公司还是商会受理诉讼，他们都确实遵循了《公司律》的有关规定"，说明"国家制定法"在地方上获得了"实践"。此外，相关研究显示，商部对公司注册的审查还是严格按照《公司律》的规定进行的（张忠民，2002；徐立志，1989；魏淑君，2009）。在公司的正常营业中，也有不少农工商部严格执行《公司律》的实例。华商公司在经营过程中，也多能依照《公司律》解决问题，指导运作（李玉，2002）。

另外，从《公司律》对工业发展和经济的促进作用来看，《公司律》的颁布，有助于洋务民用企业的商办注册（李玉，2002）。朱英（1993）指出，

《公司律》颁布之后，华商附股洋人企业的情况明显减少，纷纷集资独立创办近代企业。周洁（2016）的研究也证实，当时不少公司的经营活动是遵守执行《公司律》的，并且认为，在 1904～1908 年期间，符合《公司律》规定并注册的公司有 228 家，"在中国商品贸易初见雏形时期，公司作为一种新的经营模式，在封建统治下的中国大地上依旧在不断摸索和发展之中，这样的数量已实属不易"。魏淑君（2009）发现，"《公司律》颁布之后，中国社会又一次出现了'公司热'"。据李玉（2002）统计，截至 1910 年，在农工商部注册的企业共计 345 家，其中股份有限公司 197 家；一些资本和经营规模较大的企业在《公司律》颁布之后陆续出现。汪敬虞（1957）统计，1895年民族资本总额为 24214000 元，到 1911 年增加到 13200 余万元，增加了三倍多。《公司律》之前，资本在百万元以上的公司几乎没有，颁布之后，晚清额定资本在百万元以上的公司有 35 家，其中 34 家为股份有限公司，1 家为合资有限公司（李玉，2002）。此外，《公司律》的颁布拓宽了晚清社会资本的流动范围，促进了资本的优化组合。比如 1906 年 6 月，上海粤路股东开团体大会时，到会者所代表股份约达 20 余万元。①

　　以上对《公司律》的评价，都是从整体出发，作出的一个概括性总结。也有学者看到了《公司律》实施效果在不同的地区展现的差异性。张德美（2003）指出，"清末中国广大农村地区仍以落后的自然经济为主，只有通商口岸及东南沿海一些地区发展了城市资本主义经济……虽然人们常常认为清末民商法规在殖民色彩及内容规定上的超前性最为突出，但这只是相对于当时中国经济的整体水平而言，而在清末个别地区，一些带有超前性的法律正在解决经济纠纷中发挥着作用"。杜询诚（2017）引用厉以宁（2003）的观点作比较，认为西欧从封建社会向资本主义社会转变的原因，是因为在封建社会内部出现了体制外的权力中心和异己力量，也就是西欧的城邦；"晚清

----

① 见《记粤路股东年会大会情形》，载《申报》1906 年 6 月 18 日。

时期，因为新的经济活动大部分都在条约口岸的租界内进行，租界便成了传统体制外的权力中心和异己力量……经济法制自下而上的转型便从这个体制外的部分开始。这种法制转型是以西方制度为示范，在中国实际经济生活中产生……这可以说是一个自下而上的西方规则本土化的过程……成文法以商业惯例为依据，商业惯例又不断调整，使之不与成文法相悖"，在这个互动的过程中完成了成文法调整和约束社会经济活动的实践。这些研究都说明，《公司律》这个舶来成文法，在条约口岸地区有可能比当时中国其他地区更有实施基础、也更有实施效果。

## 1.2.3　研究述评

关于晚清《公司律》的研究，前期已经积累了丰硕的成果。总的来说，研究主要围绕《公司律》的条文内容、颁布的意义、实施效果等方面展开。已有研究大都认为，《公司律》的内容有明显结构上的缺陷，倡导的原则与现实商情脱节，但《公司律》的颁布在法制史和社会史方面意义重大，其超前于当下社会经济状况的条文在理论上有进步的意义。可惜的是《公司律》实施的社会效率较低、影响力较小，但与此同时，还是可以观察到对新公司设立有明显的促进作用，颁布后新设公司数量有明显增加。在研究方法上，已有的研究成果主要采用整体的宏观分析或微观的案例分析，少数采用数据统计或博弈方法分析相关利益群体之间的力量消长以解释《公司律》的实施效果。这些研究一方面贡献了重要的史实分析和观点启发，另一方面却还各自为政、尚不成体系，暂未形成微观与宏观相呼应、逻辑自洽的系统性评价。比如对于《公司律》提出的一些重要原则，如"有限责任""准则成立制"等，其超前性一方面体现为意义上的先进，另一方面导致了实践上的失败，这两方面究竟是矛盾的还是统一的？再如《公司律》被普遍认为社会影响力微弱，但另一方面又确实可见其颁布后新设公司数量的明显增加。这两种矛盾的结论为何同时存在？连接和融合这些既正确又矛盾的结论的研究尚缺乏。因此本书试图通过分区域研究、采用理论分析和量化分析相结合的方法，解释为何《公司律》的实施效果是在整体的失败中部分地区的成功、《公司律》的制度内容是长期体现先进性和短期显现超前性的结合，为关于近代公司法的研究添砖加瓦，丰富其研究视角和研究观点。

## 1.3 本书的结构安排、主要内容与研究方法

### 1.3.1 本书的结构安排与主要内容

本书包括绪论、主体和结论三大部分。绪论部分为本书的第 1 章，包括本研究的研究目的和意义、文献综述、研究的结构安排、主要内容、研究方法及研究创新点。主体部分包括本书的第 2 章到第 7 章：第 2 章是本书研究的理论基础、具体逻辑和分析框架。第 3 章是关于晚清《公司律》的颁布与中国早期工业化的史实刻画。第 4 章是对公司法、口岸和中国早期工业化指标的测度分析及统计学特征。第 5 章是在第 4 章的基础上，展开《公司律》对中国早期工业化影响的实证检验。第 6 章是在第 5 章的结论基础上进行相应的机制验证。第 7 章对中外公司法进行比较研究。结论部分为本书的第 8 章，是对全书的总结及启示。以各章的研究内容为基础，进行综合的概括总结，并期望以古鉴今，启发未来。

其中主体部分的各个章节内容安排如下：

第 2 章，理论基础、具体逻辑与分析框架。本章首先对相关理论进行梳理，包括制度有效性、制度变迁理论、制度变迁影响工业化发展的理论等。之后建基在基础理论上，构建《公司律》对中国早期工业化影响的具体逻

辑，并指出因为《公司律》实施效率的区域化差异，导致《公司律》对晚清时期中国不同地区的工业化推动效果不同，这个不同主要体现在口岸和非口岸地区的差异。最后总结出本书的分析框架。

第3章，对《公司律》和中国早期工业化的史实进行刻画。对于《公司律》的溯源和剖析首先从为何传统中国没有自然产生公司制这个论点出发，引出对晚清《公司律》颁布原因的深入分析，以及其颁布过程和实施机构的特点；之后详细分析了《公司律》的主要内容并概括了对《公司律》的正、反两方面评价。对于中国早期工业化的史实刻画主要从整体概览及口岸与非口岸工业化进程比较两个方面展开。

第4章，公司法、口岸和中国早期工业化指标测度分析。本章对相关变量的选取与数据来源做了详细说明，并进行了描述性统计和相关性分析，展示了主要变量随时间变化趋势和地理分布特点。

第5章，晚清《公司律》对中国早期工业化影响的实证检验。本章构建固定效应模型作为基准模型，通过对1894～1906年间中国省级面板数据的估算，发现口岸地区和非口岸地区中《公司律》对早期工业化的推动效率是有显著差异的，之后通过工具变量检验、换成省级数据估算、安慰剂检验、排除其他历史事件影响等，都论证了基准结果的稳定性。说明口岸地区的《公司律》实施效率确实显著高于非口岸地区。

第6章，《公司律》实施效率地区差异性的机制分析。根据第5章的基准检验结果，本章从"非正式规则"机制、"盈利机会"机制和"人力资本"机制三个方面进行检验。发现前两个机制成立，但第三个机制不成立。

第7章，中外公司法比较研究。这一章选取英国和日本作为晚清中国的比较对象，因为英国是公司法自然生成的国家，而日本的典型的公司法舶来国家，通过三个国家的早期公司法在设立过程、盈利机会、非正式规则环境以及政府执行力等方面的对比，目的在于更好地"了解自己"，探索中国近代公司法在实施过程中自身的特点和实施效果出现地区差异性的理论原因，以及这种原因是否和前面的实证检验结论相符合；并总结出制度影响工业化的一般规律。

具体研究结构与研究内容如表 1 - 1 所示。

**表 1 - 1**　　　　　　　　　　　　**研究框架结构与主要内容**

| | 本书章节 | 主要内容 |
|---|---|---|
| 绪论 | 第 1 章<br>绪论 | 介绍文章的研究目的和意义、文献综述、研究的结构安排、主要内容、研究方法及研究创新点 |
| 主体 | 第 2 章<br>理论基础、具体逻辑<br>与分析框架 | 对相关理论进行梳理；构建《公司律》对早期工业化影响的具体逻辑，指出《公司律》在口岸和非口岸地区的实施效率不同导致对工业化推动作用的差异；总结全文的分析框架 |
| | 第 3 章<br>《公司律》和早期工业<br>化的史实刻画 | 对《公司律》颁布的历史背景、颁布过程和机构、制度内容及评价进行深入阐述；从晚清工业化发展的整体情况、口岸与非口岸工业化进展差异两个方面展开分析 |
| | 第 4 章<br>公司法与早期工业化<br>指标测度分析 | 对相关变量的选取与数据来源进行详细说明，并展开描述性统计和相关性分析，展示了主要变量随时间变化趋势和地理分布特点 |
| | 第 5 章<br>《公司律》对早期工<br>业化影响的实证检验 | 构建双向固定效应模型对 1894 ~ 1906 年间府级面板数据进行估算，发现口岸地区和非口岸地区《公司律》对早期工业化的推动效率有显著差异，并通过稳健性检验论证基准结果的可靠性 |
| | 第 6 章<br>《公司律》实施效率<br>地区差异的机制分析 | 从"非正式规则"机制、"盈利机会"机制和"人力资本"机制三个方面进行检验。发现前两个机制成立，但第三个机制不成立 |
| | 第 7 章<br>中外公司法比较研究 | 对中国、英国、日本三个国家的早期公司法在设立过程、盈利机会、非正式规则环境以及政府执行力等方面进行对比、总结，以回应第 6 章和第 7 章的实证结论 |
| 结论 | 第 8 章<br>研究结论与启示 | 阐述本研究的评述性结论和现实启示 |

### 1.3.2　研究方法

本书的研究可以归结为统计学、经济学和历史学的交叉，融合多种研究方法，包括定性研究与定量研究相结合、理论分析与经验研究相结合、规范研究和实证研究相结合等。具体采用的研究方法包括以下几种：

第一，文献研究法。本研究对公司法制度、工业化发展、口岸发展等相关文献、著作、资料进行全面的搜索、梳理、分析和总结，掌握该选题研究领域的学术发展脉络和前沿动态，为本书的研究思路、理论框架提供学术支撑；了解和比较有关的学术观点及这种观点之下的研究方法及论证模型，为本书的实证研究提供参考和启发。

第二，理论分析法。本书通过对制度变迁、工业化以及口岸（条约港）等概念进行界定，梳理三者之间的关系，厘清公司法（制度）颁布后在口岸地区和非口岸地区实施效率的不同，以及这种不同对公司法（制度）影响早期工业化产生地区差异性的逻辑，总结出公司法推动工业化的一般规律。

第三，比较分析法。本书的比较分析法主要运用于两个部分。一是对晚清中国的口岸与非口岸地区的非正式规则及工业化进程进行比较，从而发现二者的关联性；二是对中国、英国和日本的早期公司法的颁布背景及过程进行比较，这三者的比较，既为回应实证部分的研究结论，也为总结制度与工业化之间的一般规律。

第四，定量分析法。采用统计方法观察因变量（测度工业化程度指标）与核心自变量（测度公司法指标）之间的趋势关系；运用探索性空间数据分析方法，结合 ArcGis 空间分析软件，绘制测度工业化程度指标和口岸指标的空间聚集图（书中并未刊出——编者注），并对这种空间聚集图在公司法颁布前后、对照口岸指标进行比较，进而分析核心变量的变化特征；利用相关性分析模型对因变量、核心自变量及控制变量等进行相关性分析，初步考察变量之间的关联性；采用双向固定效应模型作为基准模型分析公司法的颁布对早期工业化的影响，并通过工具变量法、变量替换法、选择子样本，以及安慰剂检验等方法来论证基准模型估算结果的稳健性；采用因果逐步回归检验法、结合 Stata 软件探索公司法影响早期工业化的内在机制。

## 1.4　本研究的创新

### 1.4.1　采用制度变迁理论研究《公司律》对工业化的影响

众多关于近代公司法制度的研究，大都采用历史叙述的方法，内容多集中在《公司律》的颁布背景、颁布过程、内容的分析和对比以及对经济的影响等方面，较少通过"制度经济学"理论框架来对移植制度实施效率背后的决定性机制进行探讨。本书尝试引入诺斯的"制度变迁"理论来分析中国历史上第一部公司法——《公司律》的颁布对中国早期工业化的影响。制度通过降低交易成本来实现推动经济发展的目的，正式规则引发的变迁，如果同时伴随了非正式制度的更新以及有力的制度执行，则制度变迁对交易成本和经济表现的推动力就越大。晚清《公司律》作为正式规则在全国范围内颁布实施，但当时中国各地的非正式规则环境已经有显著不同：口岸地区受西方文化和实践的影响，逐渐累积形成的习惯法（非正式制度）与《公司律》这个舶来成文法（正式制度）更匹配，因此对降低交易成本和工业化进展的正向促进作用更显著；而非口岸地区仍维系传统小农经济模式下发展出来的非正式规则，导致移植的公司法在相当长一段时间难以发挥积极作用。本书从制度移植的角度分析《公司律》在晚清不同地区对工业化发展产生不同作用效率的根源，是对此前文献的扩展和补充。

### 1.4.2　提出根据地区差异性考察《公司律》实施效果的思路

学者及时人对《公司律》的评价都是整体性的或者个案性的，虽然可能把握了《公司律》实施效果的大致特点，但也可能遗漏了其中重要的细节。中国是一个大国，区域差异大，不同的地区有不同的经济、政治和文化环境。本书观察到晚清时期，因为中国一些城市根据不平等条约对外开埠通商，开启了清朝大一统的体制外、西方商业惯例示范的制度演变过程，进而沉淀和形成与西方相近的商业习惯法，与当时中国其他地区的非正规环境显著不同。这种不同将影响《公司律》这个舶来成文法的实施效率，进而导致工业化进程的地区差异。对《公司律》实施效果的地区差异性考察，有利于我们对制度移植过程的内在机制有更具体和深入的理解，也再次论证了诺斯关于制度变迁理论在"中国故事"中应用。

### 1.4.3　利用实证方法论证《公司律》实施效率的地区差异性

实证分析可以增强规范分析的说服力、补充现实意义。但之前众多关于《公司律》和近代商法的研究，受限于数据资料的有限性，都是以规范分析为主，或者辅以部分数据统计或博弈模型分析手段来进行说明，几乎没有通过系统的量化实证方式来进一步论证《公司律》实施效果的研究文章。本书通过对大量相关史料数据的收集、整理，拟构建双向固定效应模型来估计《公司律》实施效果的地区差异性，旨在从事实层面论证理论假设，即口岸地区的公司法移植效率更高、对工业化的推动效果更显著，采用因果逐步回归检验法、结合 STATA 软件探索公司法影响早期工业化的内在机制。

### 1.4.4 辩证统一关于《公司律》已有研究结论的分歧

已有研究中关于《公司律》实施效果的评价褒贬不一：认为晚清《公司律》对当时企业组织形式的现代化和整个社会经济增长的推进作用微弱的观点，和认为《公司律》起到了积极促进新设企业数量和融资额度的观点，二者同时存在，且各自都有支撑性的证据。本研究通过详细考证史实和数据，发现这两种看似矛盾的观点实际上是辩证统一的，因为晚清《公司律》的显著作用主要发生在口岸地区，而在其他广大仍以自然经济和小农经济为主的地区则没有明显的效果。因为晚清通商口岸的数量和面积有限，晚清经济仍是典型的农业经济，因此《公司律》的平均效果不明显。这个研究结论不仅从一个全新的维度统一了之前已有研究结论的分歧，并且再次论证了正式制度变革有赖于观念等非正式制度更新（韦森，2020），和制度规则的制定应依据制度事实和特色（邓峰，1998）的观点。

# 第 2 章

# 理论基础与分析框架

## 2.1 理 论 基 础

### 2.1.1 制度变迁理论

#### 2.1.1.1 "制度"的内涵

以凡勃仑、康芒斯为代表的旧制度经济学派（19 世纪末至 20 世纪 30 年代）认为，经济学研究的对象应该是人类经济生活中得以实现的各种制度。其中康芒斯（2006）以法律的观点来解释各种社会经济关系，特别强调法律制度对经济制度变化所起的作用，并以此为基础，构建他的制度理论。

20 世纪 60 年代兴起新制度经济学派，沿袭康芒斯的理论传统，以科斯和诺斯为代表，将制度理解为社会的游戏规则，能够约束人们的行为。这种规则既包括外在的带有强制性和惩罚性的规则，也包括内在的带有自我约束性的规则。制度是由正式的规则、非正式的行为规范及实施特征三者组成；其功能在于可以将人们的行为导入可合理预测的轨道。正式制度和非正式制度的区分，从形式上看，是否有成文是二者的区别；从产生渠道上看，正式规则是由公认的官方渠道创造、传播与实施的规则，包括国家制度与组织规则，非正式制度是在官方制裁渠道以外生成、传播与实施的社会共享规则；同正式制度相比，非正式制度的表现形式更加多种多样，包括行为准则、惯例、习俗、文化传统等等；从约束方式看，二者实施惩罚的方式不同：正式制度中，"对惩罚的规定和实施都要通过有组织的机制"，在非正式制度中，"对违背社会预期的行为施加的惩罚都不通过有组织的方式来定义和运用，它们都是自发产生的"（柯武刚等，2004）。

新制度经济学派把制度视为一种影响生产和交易成本的稀缺资源，比较重视制度与人们利益的关系。比如科斯（R. H. Coase）在其著作《企业的性质》（1937）和《社会成本问题》（1960）中，就强调产权在经济组织和制度结构中的重要性及在经济活动中的作用。诺斯则强调通过成本 – 收益法来分析制度绩效：制度内涵的激励结构是否能有效地引导人们的行为达到预期的目标。总的来说，新制度学派认为在经济系统中，最重要的因素并非价格，而是由制度决定的权力结构才是决定资源配置的最基础因素。

交易成本是新制度经济学的核心概念，因为在交易成本为零的世界里，制度可有可无。而交易成本的存在，凸显了制度的重要性。诺斯（2014）就明确指出："我的制度理论是建立在一个有关人类行为的理论和一个交易费用理论相结合的基础之上的。当我们将这二者结合在一起的时候，我们就能理解诸种制度何以会存在，以及它们在社会运行中发挥了何种作用。"交易成本与制度的联系如此紧密，制度好坏的评判标准就在于交易成本的高低，好的制度就是交易成本低的制度（卢现祥，2003）。制度变迁的目的在于减少交易成本，提高社会经济的整体效益和效率，因为当一个经济体系的交易成本大幅度降低时，社会的有效资源增加了，出现获得更高边际利润的新机会，同步提升的还有企业追求这种机会的动机。这个过程创造了增长的动力，进而改善经济的表现。

有些研究者认为组织也是制度，比如康芒斯将组织（包括家庭、公司、工会、协会及国家）称之为制度。因为理论的传承，科斯将企业也称为制度。诺斯则将两者区分为"作为规则的制度"和"作为组织的制度"。他认为区分制度与组织是新制度经济学研究的一个重要因素。"我们对组织的关注主要集中在它们作为制度变迁的代理人的作用，制度与组织是互动的。组织是在现有约束所导致的机会集合下有目的地创造出来的。这些约束包括制度制约和传统经济理论中的一些制约，制度变迁的一个主要动因是企图实现这些目标"（诺斯，1996）。"如果制度是游戏规则的话，那么组织和它们的企业家便是参加游戏的人"。制度不同于组织：制度是规则，组织是团体。制度是社会博弈的规则，是人所创造的用以限制人们相互交往的框架；而组织是社会博弈的玩者，是制度变迁的主角。

本书倾向于采用诺斯对制度的定义：制度是由正式规则、非正式规则以及二者的实施特征组成。制度不同于组织，制度与组织是互动的。"组织是现有约束所导致的机会集合下有目的地创造出来的。这些制约包括制度制约和传统经济理论中的一些制约，制度变迁的主要动因是为了实现这些目标"（诺斯，1996）。

### 2.1.1.2 制度的有效性及其影响因素

制度的生命在于它的实行。因此对于制度的研究，自然会关注其有效性。制度有效性是指法律制度本身所具有的功能能够得到高效益的发挥，制度所追求的价值目标在实际社会调整中得以实现，制度的应然要求和规范所规定的社会主体的行为模式转化为主体实际所享有的权利和义务，形成现实的社会秩序。制度的有效性主要关注的是构建制度时设定的目标在现实中是否得到贯彻和实现、是否对社会产生积极的调整规范作用，以及如何高效益地转化为现实的过程。

制度有效性的内涵包括以下几个方面：首先，制度的执行和运作过程中，社会阻力较小，社会呈现有序化状态。其次，制度运行的进程与社会实际相一致，不会因为制度的构建滞后或超前于社会现实情况而导致法律制度的空转。正如弗里德曼（1994）指出，"规则的任何改变可能改变代价与好处的对比，从而改变使用率和使用方式"；"制度中法律规则的改变可能改变受该规则管辖者的代价和好处对比，如果它有影响"。昂格尔（1994）也认为，有效率的制度，其内容"应当调和彼此利益的对立，其程序应当使几乎每个人认为服从这一程序符合自己的利益"。另外，当社会秩序和制度受到非法侵害，有适当的惩罚机制和机构对这种行为进行纠正。

制度有效性的实现受制于多个环境因素。首先，在政治环境方面，国家权力应得到适当的制约，防止国家权力的滥用；国家权力如果变得无所不能，则法律制度难以有生存的基础，法律制度的有效性也无从谈起。当然，如果政治国家的权威荡然无存，制度的实施得不到保障，制度的有效性也无从谈起，因此，权力的制约和权利的保障同等重要。其次，在经济环境方面，正如马克思在其著作《黑格尔法哲学批判》中强调的，"经济基础决定上层建筑"，制度建立的最深刻的社会基础是经济生活秩序化，以追求经济效率和利益价值为必然要求。比如法律制度作为制度体系中最重要的一部分，"法律制度最深厚的根源，存在于一定社会的物质生活条件中，存在于现实的人们的经济关系中，存在于人们在相互交往活动过程中所形成的权利要求之中"（张文显，1999）。此外，在文化环境方面，文化环境是制度生成的基本空间，同时影响着制度的变迁和实施。柯武刚等（2004）指出，发展中国家在引进发达国家的制度时，如果引进的制度与文化背景不协调，往往会招致失败。

### 2.1.1.3 制度变迁的过程及机制

"历史大体是一个制度不断演进的故事"。在分工与专业化不断提高的过程中，制度通过不断变迁以适应或抑制这种分工。制度变迁是一个错综复杂的过程，是实施制度的各个组织为谋取自身的最大利益而重新谈判，达到更高层次的契约，改变旧的规则，最终建立新的规则的全过程。制度变迁在大多数情况下，是指某个特定制度的更替和演进的过程，并非整个制度体系的变化。

鉴于制度是由正式规则、非正式规则以及二者的实施特征组成，因此制度变迁过程也是制度三要素通过交织互动，影响经济的交易成本的过程。对降低交易成本的追求会导致制度变迁，但制度变迁的实际结果不一定都有效降低交易成本。

价格体系并非无成本运作，而是在其运作过程中会产生交易费用（科斯，1937）。"交易成本"是在市场交易中必要的开支，比如度量衡成本、合约执行成本、产权维护等（诺斯，1992）。菲路博顿和瑞切特（Furubotn and Richter，2006）在前人研究的基础上，进一步提出交易成本可以分为市场型交易成本、管理型交易成本和政治型交易成本。市场型交易成本包括搜寻信息的费用、讨价还价决策的费用以及监督合约履行的费用。市场交易成本过高会扭曲资源配置。管理型交易成本是企业和雇员之间劳动合约执行的费用。政治型交易成本是集体行动提供公共产品所产生的费用，主要包括两个部分：一是建立、维持和改变法律框架、管理架构、体制等有关的费用，二是政体运行的费用。比如公司法的颁布是正式规则的变迁，目的是规范市场上公司的设定和运作过程、有效降低市场型交易费用和管理型交易费用，但颁布和实施过程可能会增加政治型交易费用；如果公司法能得到有效实施，其规模效应和正外部性会使得前两类交易费用的整体减少远远大于政治型交易费用的增加，那么这个法律制度的颁布意义就是积极的，变迁也是成功的。

制度变迁对降低交易成本的追求，在制度三个要素方面都能发生。一个制度体系中越多层面受变迁影响，制度变迁的有效性就越高，对交易成本和经济表现的推动力就越大。

正式制度是人们有意识地创造的一系列政策法规，法治框架是正式制度的主要部分，包括解决纠纷的框架、界定产权的所有权、商业组织的监管架构以及规范交易双方的合同法等等。在制度变迁的过程中，正式制度的选择受到制度供给的约束。在制度的供给集里面，照搬发达国家或成功地区的规则（法令）是可选项，但并非一定是最优选择。制度选择的关键在于根据当地的社会、经济情况构建合适的激励体系，以使得正式规则能嵌入到非正式规则环境中，二者互相均衡而达到适应性效率（Eggertsson，1990）。

非正式规则是一个相对宽泛的概念，包括行事准则（codes of conduct）、行为规范（norms of behavior）和惯例（conventions）等等。诺斯（2014）认为，即使在最发达的经济体中，正式规则的约束也只是决定选择的总约束的一小部分，而人们社会交往和经济交换中的非正式约束则普遍存在。皮伦布姆（Peerenboom，2002）强调，对于社会转型阶段而言，市场的不完善和正式规则的脆弱，使得非正式规则的替代作用更为明显。在制度变迁的过程中，正式规则安排的变革，将引起其他相关的非正规规则安排的不均衡，如果非正规制度变革的过程过于迟缓，或与变革的正规制度不相容，那该正规制度的变革就会受阻、变形甚至完全失败。

因此，从正式制度开始的变革，其与非正式制度的相容是制度变迁有效的关键。"正式制度一般是上层组织理性选择的结果，也可以是一种即时选择；而非正式制度却往往是一种历史积淀与文化演进的长期结果，受到当时政治、经济、社会等条件及意识形态的约束"（谢富胜等，2001）。因此基于这种来源上的差异，正式制度具有可移植性，而非正式制度具有的内在传统性和历史沉淀，不易移植。正式制度的变更速度可以很快，比如晚清《公司律》的编订过程就只有短短四个月，颁布就在"一夜之间"；但处于文化最深层次的非正式制度变化较慢，需要缓慢地培养和完善，如果非正式规则本身并不与更新后的正式规则兼容，则这种差异性的弥补需要较长的时间。

对于正式规则的实施，鉴于其规则即使再完备，功能和覆盖面也是有限的，需要非正式制度的拓展、细化和对组织内部行为实施控制以降低实施的交易成本；非正式制度的这种自律实施机制源于行为人在长期共同交往中形成的默认性知识，是对正式制度实施机制的恰当补充。如果非正式规则环境与正式规则兼容度较低，依靠外在的强制性实施机制，即政府的力量也是可能的。但过多依赖政府的强制力推行，正式规则实施的交易成本会非常高，甚至有可能产生剧烈的制度变形或是制度无效，因为这种他律机制约束力的广度和深度都有限，而非正式制度为行为人的行为选择提供内在的自觉接受的软约束力，是一种自我实施机制。

由此可见，正式规则的更新有赖于合适的非正式规则和良好的外在强制性实施机制。如果非正式制度与新的正式制度互补性较小，或者外在实施机制力量薄弱，则正式制度变迁的效果会大大减弱，甚至无效。

## 2.1.2 制度变迁对工业化的影响

### 2.1.2.1 工业化的含义

工业化和近代化是经济史研究中被广泛使用的两个概念。这两个词语经常被当作同一个词语混用，在中国的语境下，似乎所指的是同一个历史过程。但实际上这两个词语既有紧密联系，也是有区别的。近代化包括工业化，是以经济工业化和政治民主化为主要标志的社会转型的实现。因此，相对而言，近代化是一个更宽泛的概念，而工业化则是近代化必不可少的重要组成部分。

钱纳里（1995）认为，发展是经济结构的成功转变，工业化则是国民经济结构转变的一个重要阶段。从历史的角度看，无论是国内还是国外，在近代化的初始阶段，工业的增长都是衡量发展的基本尺度和主要标志。罗森斯坦 – 罗丹（Rosenstein-Rodan，1943）就提出，实现工业化是经济落后国家从根本上解决贫困问题的关键。此后，工业化经常被看作发展中国家经济发展的同义概念。

"工业化"在国内外的经济学文献中有多种概念形式，比较有代表性的如：

（1）吕贝尔特（1983）从生产工具的角度，认为工业化就是以机器生产取代手工操作的过程。他指出，随着蒸汽机作为新能源，纺织的机械化，生产从单件过渡到系列，进而到大规模生产，人类社会才开始巨大变化。这种变化称之为工业化。

（2）科克帕提克（Kirckpatrick，1983）从生产组织的角度凸显工业化的标志，就是经济中各行业生产企业的产生和发展；其特征是专业化和劳动分工，运用技术、机械、电力来补充和代替人的劳动，是以城市为基地的制造业的建立和发展。

（3）库兹涅茨（Kuznets，1989）从资源配置结构的角度来诠释工业化，认为工业化是资源配置的主要领域从农业转向工业的过程。

（4）张培刚（1991）从生产方式的角度，定义工业化为国民经济中主要的生产函数从低级到高级的一系列突破性变革过程，是包括工业发展和农业改革在内的"社会生产力的变革"，是"社会生产力的阶段性变化"。

（5）钱纳里（1995）从制造业的角度定义工业化是制造业产值份额的增加过程，工业化水平用制造业在国民收入中的份额来衡量。

从上述工业化的各种定义中可以看出，虽然不同的学者试图从不同角度来提炼工业化的显著特征，但也都落到了一个本质：经济结构转型的成功和社会生产力的提高。围绕这个本质特征，工业化可以表现为制造业代替农业成为社会的新兴生产力，成为就业的主要部门、国民收入的主要来源、新技术和新机器集中的场所，新兴的生产组织——企业蓬勃发展。这些都可以是工业化的表征。

### 2.1.2.2　工业化的演进

工业化是人类社会经济发展的重要过程，这个过程是以 18 世纪英国产业革命为开端的。早期的工业化是在自给自足的自然经济基础上，随着产业的产生和发展的形成过程。比如工业的产生，是从家庭手工业中孕育发展起来的；之后逐步集中，并在内部形成进一步分工；专门化的结果便是形成了手工业这个产业，并逐渐从农业中分离出来。伴随这次社会大分工的是金属工具和简单机械的使用，劳动者固定在某个固定产品的生产上，劳动者的熟练程度提高，对自然规律和生产规律的认识不断深化。因此这次分工也是工业化的萌芽，是第二产业的萌芽。随着手工业的发展，出现了专门从事商品买卖的商人，以及商人和手工业者聚集的城市。"城市彼此发生了联系，新的工具从一个城市运往另一个城市，生产和商业间的分工随即引起城市在生产上的分工，在每一个城市中都有自己特殊的工业部门占优势"，"不同城市之间分工的直接后果就是工场手工业的产生"。① 手工工场是分工和专业化的产物，经过长期的发展，产生了大工业。大工业的显著特征就是机器的使用，工厂就是"使用机器的工场"，"分工已经被那些自动化的工具推进到了极致"（芒图，1983）。从这个角度看，工业化演进的过程主要是交换和分工互相交织、互相作用的结果。工业化也并不仅仅是发展工业，成熟的工业化包括工业产业化，以及农业、商业、服务业等各个行业的产业化，这些产业之间相辅相成、分工合作，在彼此合理互动中协调发展。

以上是对人类社会工业化演进的特点进行概括，但是工业化不同阶段演

---

① 《马克思恩格斯选集》（第 1 卷），北京：人民出版社 1972 年版，第 61 页。

进的动因是什么呢？马克思和恩格斯认为，市场化是工业化的必要前提和条件。最早走上工业化道路的西欧国家经济发展历程显示，市场化是在工业化之前的，"先有市场革命，才有工业革命"。因为原有市场的整合、新市场的出现，导致需求增加，使得工场手工业代替家庭手工业；而 15 世纪地理大发现后海外市场的扩大，激发了机器大工业取代工场手工业，生产效率和生产力都显著提高。由此可见，因为市场发展导致需求增加而产生的盈利机会，是工业化发展的原动力。

第一次工业革命是全球经济史的转折点，开启了现代经济增长的新时代。近代中国工业化开始于晚清洋务运动主导的新式工业。从"点"的角度来看，如果以技术进步、生产变化、重大制度变革等为发展线索，以现代工矿企业设立的数量和分布为判断标准，中国近代工业化可以划分为 7 个阶段，包括 1840～1859 年、1860～1894 年、1895～1900 年、1901～1914 年、1915～1936年、1937～1945 年、1946～1948 年（刘静等，2021）。1860 年之前，晚清并没有正式的现代企业出现，1860 年之后的洋务运动才正式开启了中国现代工业的发展历程。洋务运动发展的主要阶段是 1860～1894 年。以 1894 年为分界线源于中日甲午战争让晚清政府和国人都清醒地看到洋务运动的收效甚微。1914 年是第一次世界大战的开始之年，发生在同盟国和协约国之间的这场战争虽然主要在欧洲，但却意外给中国的外贸经济提供了发展契机，扩大了市场需求，促进了国内现代工业的发展。1936 年被大家认为是战前中国现代经济发展的顶峰之年，现代工业占比 GDP 达到 10%。从"线"的角度看，通过长时段数据估算，可以认为中国近代工业化是连续的，整体呈上升趋势（方书生，2022）。一个基本判断就是民国初年至二战前中国工业整体呈现持续增长趋势，此后的 1940～1944 年工业生产总值超过 1936 年，出现增长峰值。另外，从"面"的角度看，二战前中国工业化历程颇为顺利，增长较显著，但未能推动中国经济的转型，也未能实现中国的工业革命和经济起飞，之后遗憾地被日本侵华战争所扰乱（托马斯·罗斯基，2009）。总的来说，近代中国的工业经济虽然不断增长，但相对于世界先进国家，仍是明显缓慢且滞后的，在全球份额中的相对位序呈现下降的态势（管汉晖，2020）。一方面可以看到工业化发展历程的内在连续性，另一方面也能观察到明显的断裂点。这种貌似矛盾的看法，源于中国近代时期明显的二重特征：第一是地理范围广大，内部差异显著，有些甚至超过了与外国的差别。因此如果将全国的数据汇总平均，则会抹平地方上的差异，特别是在工业化起步的早期，少数城市更为显著的工业增长被全国平均之后，看起来似乎已经"无足轻重"。第二个特征是在近代约一百年的时间跨度中，呈现出多个不同的阶段。这些不同阶段的转折点并不清晰，更多的时候表现为一个时间段。因此，需要从空间分异和时间演化的双重维度来看待近代中国工业化的演变（方书生，2022）。例如，从空间上看，近代中国工业化很不平衡，不成比例地集中于上海等主要城市，全国意义上的平均必然与局部明显不同。近代中国口岸城市与内地地区的工业体系演化，呈现出不同的轨迹与线路。从时间上看，工业化过程中的断裂点和转折点，彼此之间的关系、背后的决定性因素等，这方面的探索，在某种程度上，比对工业化绩效的测度更具有指向性意义。

晚清洋务运动，通过购买西方机器设备，创办近代军用工业、制造轮船、兴办铁路、机器采矿，开启了中国的早期工业化，但这种工业化仍局限于少数部门和某些区域。近代早期的工业化不具有全国性，首先从开埠通商的口岸城市开始，其中的典型代表就是当时的全国工业中心——上海（方书生，2018）。口岸城市的发展首先从商业贸易开始。对外贸易是大部分口岸城市，尤其是上海经济增长的起点，表现为海关贸易统计册中不断增多的各类进出口商品，不断增多的商品来源地与销售地，以及不断增长的农产品、原材料、手工业制成品的出口，以及相对应的机制品和原材料的进口。在前近代时期，中国传统商业资本大多局限于流通领域，较少进入生产流域。近代资本主义生产方式下，商业资本才更多地转变为产业资本。商业中心城市通过经年的商业积累形成的资本量，能否较大部分地转变为产业资本，进而逐渐发展出比较齐全和先进的生产功能，是城市经济发展方式转变的一个关键因素。纵观人类经济发展的长时段历史，市场交易活动形成已久，布罗代尔将其分为两种类型：一种是低阶形式，如定期的集市、小型的店铺、流动的商贩等；另一种是相对高阶的形式，如连接跨地区商贸信息的交易会、交易所等。低阶的市场交易活动一般作为生产与消费之间的中间环节，实现低阶的、较为直接简易的商业交换，并不能显著地改变区域要素流动。高阶形式的市场交易活动，则能超越地理的限制、促进跨区域的大规模要素流动，带动要素向更高收益的地方流动，提高劳动生产效率，获得整个社会的更大收益。口岸地区应该是在相对比较高阶的交易形式的推动下，逐渐从全国对外贸易中心与金融中心转向工业生产中心，逐渐从贸易流动驱动的经济增长转向工业制造驱动的经济增长，逐渐形成商业、工业、金融多功能的经济中心。

近代中国通商口岸的发展，在早期具有明显的特征，包括资源相对缺乏、劳动力供给丰富、资本相对内地较多但仍不足。因此在工业化早期，一般优先选择发展轻工业，例如棉纺织业、食品业等。口岸地区的工业发展以轻工业发展为中心，带有明显的口岸经济特征，呈现自然演化和渐进的趋势。这个过程和英国早期工业化历程有类似之处，英国工业化即发端于棉纺织工业，然后是交通运输业、煤炭和冶炼工业。之后由纺织业延伸的制鞋、印刷、造纸、陶瓷等轻工业进一步发展。19 世纪中叶号称世界工厂的英国最重要的工业部门不是重工业，厉以宁（2010）就指出，"各种机器和交通运输工具的制造业，……在整个工业结构中的地位，远远不足以与纺织业，甚至煤炭业和食品工业相比"。1880 年前后，英国工业出现的变化是机器制造工业的发展，纺织业、食品业和其他轻工业部门机器的广泛使用与劳动效率的提高。近代中国中前期的工业化，仅仅在个别行业实现了相当规模的发展，例如中国棉纺织品产量达到日本的 1/4，仅次于美国和印度，面粉工业大幅度超过日本（托马斯·罗斯基，2009）。通商口岸的工业化过程整体呈现不同于内地、长期持续渐变的过程，实现了从进出口贸易到本地早期工业化的质变，且不断实现工业结构的升级，在自然演化的过程中不断积累量变。

### 2.1.2.3 制度变迁、组织更新与工业化演进

传统农业时代，生产与消费过程合一，没有发达的分工和专业化基础；工业时代的生产和消费分离，分工和专业化程度大大加深。工业革命最重要的体现之一就是分工深化。因此，"分工分业"是工业化的重要特征，制度变迁对工业化演进的影响就是制度变迁对分工的影响。

对于分工发展的原因，盛洪（2002）认为基本有两种，一种是斯密提出，后由杨格（Allyn Young）和斯蒂格勒（George J. Stigler）延展了的"斯密定理"，即市场的大小是影响分工的关键因素；二是科斯提出的"交易费用"概念引发的逻辑，"分工的发展与交易费用的下降有关"。斯密定理说明，深化分工就必须扩展市场，市场的扩展是分工深化的前提；而市场的扩大，有赖于制度，尤其是政府制度和法律制度扩展和维护较大的市场范围，反对地方保护主义和国家间的贸易保护主义。因此，制度通过对市场的态度来影响分工。对于第二种原因，交易费用的高低会影响分工的程度。"当交易费用过高时，交易可能变得不合算；只有降低交易费用，才能促进分工的发展"。影响交易费用的因素有很多，毫无疑问，技术和制度是其中的主要因素。一般来说，技术更新到应用是个长期的过程，不会影响短期的经济增长。而制度通过众多方面影响交易费用。汪洪涛（2003）提出，制度通过变迁来减少交易费用，提高社会经济的整体效益和效率，从而实现增加社会有效资源的目的。制度变迁影响交易费用的其中一个途径是通过对经济组织变迁的促进或抑制。

市场的扩大和技术的进步，有可能提高生产效率和经济效益，但也增加

了交易费用。为了应对这个挑战，经济组织通过不断调整来降低交易费用。分工演化的过程中，经济组织也按相应的需求不断更新。比如 16 世纪的著名地理大发现，促进了国际贸易和世界市场的形成与发展，能否抓住这个盈利机会，诺斯等人的研究认为，是否建立了有效的经济组织是各国繁荣的关键。17 世纪英国和荷兰的经济增长，对比出法国和西班牙的经济停滞，关键的原因在于面对市场的扩展，前两个国家改善了经济组织和经营方式，健全了司法制度，商人们获取市场信息、谈判和履行合约等的交易费用都大大降低，而后两个国家受王权的限制，并没进行相应的变革。可见市场的扩大和技术的进步可能增加盈利机会，但会提高交易费用，经济组织（比如企业）又通过不断创新降低交易费用，使得盈利机会成为可行。钱德勒（1987）敏锐地指出，"当管理上的协调比市场机制的协调能带来更多的生产力，较低的成本和较高的利润时，现代企业形式就会取代传统的组织方式"。当市场扩大时，企业组织形式不断创新以抓住盈利机会；当新技术产生时，经济组织的变化是为了充分利用新技术的潜力。在经济组织变迁以适应环境变化时，制度通过不断变迁为经济组织的更新保驾护航（降低交易成本）或阻拦抑制（提高交易成本）。比如英国 1720 年颁布的《泡沫法》（Bubble Act）规定，没有特许状授权，就不能募集可转让股份或转让股份。这个法律唯一的作用就是滞缓了股份公司在英国的发展达 100 多年。直到 1844 年的《合股公司法》颁布，废弃特许制，确定法人准则成立，才使得现代公司制度在英国得到法律承认。经济组织如果能在这个与制度环境互动兼容、不断追逐新利润的过程中获得良性循环，规模和数量也不断增加，就能持续深化分工与合作，推动工业化的进程。这个因果链条解释了 18 世纪英国的工业革命，也是近代中国试图模仿的发展模式。

综合可见，制度变迁与工业化演进过程关系紧密。制度通过影响市场扩张以及扩张带来的盈利机会作用于分工；通过影响经济组织更新来作用于交易费用的变动，从而影响分工。合适的制度变迁推动和维护经济组织的变迁，通过降低交易费用来把握新的盈利机会，深化分工，促进工业化的发展。因此，制度变迁与工业化演进互相交织，相辅相成。

## 2.2　本书的理论逻辑

### 2.2.1　《公司律》对中国早期工业化的推动作用

晚清《公司律》颁布原因虽然被人认为是帝制政府为了维护自身的统治而不得已为之，颁布之后的内容缺陷和法理缺陷也被广为诟病，但总的来说，舶来自西方公司法的《公司律》的制定和颁布客观上是符合世界法律现代化进程的，是一种进步的行为。

正如前面理论分析部分已经指出，好的制度通过促进技术进步或组织形式创新，提高社会经济的整体效率和效益，从而增加社会有效资源，带动产业发展和经济增长。《公司律》这个正式法律制度的颁布正是为了促进企业组织形式的更新。《公司律》驱动中国早期工业化发展的机理表现为通过降低公司设立的交易费用，提高获取市场盈利机会的能力和概率，达到鼓励更多的公司设立的目的，实现企业组织形式的变迁，从而最终实现工业发展和经济增长。

制度学派威廉姆森（2002）对交易费用的分析颇具代表性。他认为交易费用的存在取决于三个因素：有限理性、机会主义和资产专用性。其中资产专用性意味着双边垄断的存在，资产专用性越高，表示垄断程度越高，打破该垄断所需要的交易费用也越高。《公司律》中赋予普通民众开办公司的注册准则制，打破了之前公司成立需要政府特批的特许制垄断，极大地降低了开办公司所需要的交易费用（包括所需要的时间、人力物力投入，以及特殊关系的动用等等），有显著的社会意义和实际作用。此外，《公司律》最突出的内容是对"有限责任"制度的引入、强调和保护。从法律层面承认有限责任的公司形式，并对之进行规范管理，极大地降低了这种新的组织形式的合约履行监督成本和运行成本，前者是市场型交易费用，后者即管理型交易费用。与此同时，因为历史上商人的地位一直居于四民之末，商业行为是被鄙视的，导致人们从事商业活动的社会环境复杂而恶劣，交易过程混乱而烦琐，这些都导致从事工商业的交易费用高昂。《公司律》的颁布开始扭转这一状况，彰显了国家对商人阶层和商业行为的重新定位，提高了商人阶层的社会地位、推动了商业行为的普及。因此，总的来说，《公司律》的制定和颁布，能有效降低公司各种交易费用、提高公司的盈利能力，发挥公司在筹集大额资金方面的优势，从而推动民族工商业的发展。

### 2.2.2 《公司律》实施效率的区域化差异

上文论证了《公司律》在理论上具有推动中国早期工业化进程的作用，但这种作用能否发挥出来，还有赖于《公司律》能否有效实施。其实施效果受两个方面因素影响，一方面是实施组织的权威性，另一方面是实施的非正式制度环境是否和正式制度兼容。对于第一个因素，晚清政府在整个 19 世纪，由于军事和偿付债务的原因，对地方大吏依赖甚深，因此当时中央政府的这种软弱无力对现代工业的推动作用是极其有限的（陈锦江，2010）。虽然中央政府成立了新的部门——商部来推动现代工业的发展，鼓励各地建立商会，但这些举措的实质目的都在于寻找新的途径来平衡央地权力，因此对于现代经济的促进或引领作用有限。对于第二个因素，和《公司律》匹配的非正式制度主要包括相应的商业习惯。这种非正式制度是与当时的经济发展阶段相匹配的。虽然鸦片战争后，受到西方商业模式和商业文化的冲击与影响，口岸地区的经济已经开始了向现代经济模式的转变，但这种冲击并没有改变当时中国广大的内陆地区的经济模式，内陆仍然是以自给自足的小农经济为主，因此和《公司律》相匹配的非正式制度，主要是分布在通商口岸地区。由此可见，《公司律》在降低交易费用、推动企业组织形式变迁方面的作用，可能在条约口岸地区发挥得更好。

条约口岸地区和非口岸地区的经济发展模式以及衍生出来的社会文化特点都有显著不同。晚清时期的中国，非口岸地区基本仍是小农经济、自给自足的自然经济模式为主，非正式制度仍停留在适应封建传统模式的阶段：商业模式主要是合伙制或独资方式，并尽可能避开官府的耳目，即所谓的"在商言商"、低调行事，因此"注册制"并非其强烈需要的规则。此外，传统"无限责任"作为一种通行模式和商业诉求，实质上也是在彼时环境下建立信任机制、吸引投资和业务伙伴的有效手段，相反"有限责任"倒可能带来道德质疑，影响商业交易的进行，因此《公司律》强调的"有限责任"概念相比非口岸地区的经济环境和经济模式可能太过超前，与当时当地的商情要求并不匹配。总的来说，虽然通过颁布《公司律》，非口岸地区的正式规则已经发生变迁，但相应的非正式规则环境变迁还没开始、或仍在起步阶段，因此对这种正式制度没有需求、颁布的制度难以落地实施。而口岸地区与《公司律》相对应的非正式规则环境已经发展得比较完备，甚至有些商业习惯在《公司律》颁布之前就已经成熟。条约口岸地区发展出了进出口贸易、运输、金融业、制造业等现代产业，也产生了市场制度、企业制度、金融制度等现代制度，这些都是传统中国所没有的新生事物。到19世纪70年代时，"有限责任思想"和"股份有限公司"就已流行于条约口岸的各种经济生活之中。因此《公司律》和口岸的非正式规则，二者之间能彼此兼容，互相加强和促进。由以上对比分析可知，《公司律》在条约口岸地区和非口岸地区，其实施效率是不同的，主要缘于非正式规则的不同。

### 2.2.3 《公司律》对中国早期工业化影响的区域化差异

《公司律》作为一种正式制度，推动工业化进程的逻辑在第一点已经分析。当然这个逻辑是建立在两个前提条件下的：一个是当地的非正式制度能与推行的正式制度兼容、互相耦合，促进正式制度的良好运行和积极发挥作用，这个在本章第二点已经分析；第二个前提条件是经济因素，即有蕴涵潜在高额利润、需要巨大投资的盈利机会出现（Mattiacci，2017；樊卫国，2017）。这种机会的出现使得仅仅靠"熟人"资金已然不够，向"陌生人"筹款的需求变得迫切，因而有对公司制这种创新模式的需要。这种机会比如引起欧洲国家崛起的 15 世纪地理大发现后"海外市场扩大及其引起的贸易增长"，比如晚清时期通商口岸地区因为国际贸易的活跃，及其带动了对新机器、新技术、新组织的需求。参与了这个进程的人们更能意识到公司制对抓住新的商业机会的必要性。如果说第一个条件是《公司律》能否发挥作用的前提，第二个条件则是对《公司律》是否需要的前提。《公司律》推动近代工业化发展的逻辑在图 2 - 1 有完整表述，其中实线箭头概括性刻画了新的经济组织产生，通过正式制度创新可对其进行规范和保障、降低交易费用，更好地抓住盈利机会带来的潜在利润，进而促进分工深化，推动工业化发展的逻辑链条。图中的虚线箭头表示制度在影响新的经济组织的同时，盈利机会和新经济组织也可能影响制度变迁。在这个主要逻辑链条中，正式制度变迁受到政府执行力和非正式规则环境两个因素的影响，通过作用于经济组织更新以把握潜在盈利机会来实现工业化进展。考虑到晚清政府执行力孱弱、全国范围内差异不大，对本书主要考察的"地区差异性"影响不大，因此暂不纳入考虑，剩下的两个主要变量为图中灰色部分，即非正式规则约束和经济机会，本书主要考察这两个变量在晚清《公司律》推动当时的工业化进展中分别起到的作用，是否为区分《公司律》实施效率地区差异化的主要原因。

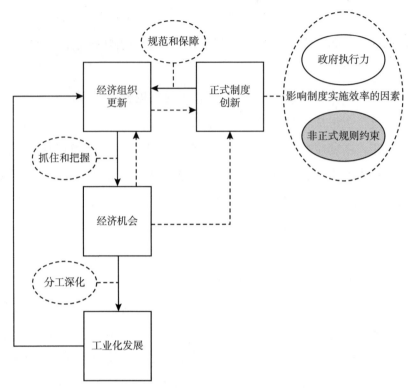

**图 2 - 1　公司法（正式制度）影响工业化进展的逻辑链条**

由图 2 - 1 分析可知，政府执行力这个变量理论上也是影响公司法推动工业发展过程的重要变量之一，但鉴于晚清时期政府社会控制力微弱，而且在口岸和非口岸地区不存在显著差异，因此不会对公司法实施效果的地区差异性造成影响，也就不在本书的考虑范围之内。此外，口岸地区无论是在盈利机会还是非正式规则方面，都具有比非口岸地区更为合适的条件来运行《公司律》，并发挥其积极作用，达到推广公司制应用、推动工业化进程的目的。因此，本书认为《公司律》对中国早期工业化影响会出现区域化差异是应然逻辑结果。

# 2.3 本书的分析框架

关于公司法对中国近代工业化的影响，许多学者已经从各个角度进行探讨。前面已经提到，相关文献或者是从历史学的角度进行现象的配比和事件的列举；或者从博弈的角度分析涉及其中的利益集团，如何通过力量的对比和消长来决定历史进程的走向等等。这些丰富的素材和多角度的研究方法都有助于后来者站在巨人的肩膀上继续前行，贡献自己的思想和智慧。本书试图以诺斯的"制度变迁"理论为基础，分析公司法移植到中国后，能否与当地的非正式规则兼容、达到共同推动交易费用减少的目的，进而鼓励企业设立的活跃性，带动经济增长。鉴于晚清时期中国经济发展不平衡，非正式制度的演化进程也不同，尤其是口岸地区和非口岸地区因为不公平条约的签订，发展的差异性明显，因此有理由认为，不同地区的非正式制度和《公司律》匹配程度不一样、经济表现提供的盈利机会不一样，导致《公司律》实施效率出现地区差异，对不同地区的工业化发展产生不同的推动力。图 2 - 2 是本书的分析流程框架图。

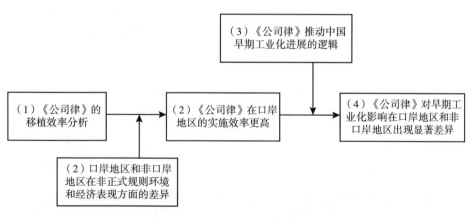

图 2 - 2 本书的分析逻辑和框架

### 2.3.1　晚清《公司律》的移植效率分析

　　传统中国公法发达，以刑法为主，强调权力本位；而西方商法是一种私法，强调权利本位。公司法作为舶来品移植到中国，又是匆忙颁布，因此其规定的条文内容、体现的法制理念，以及作为权利武器实施的方式对于当时大部分地区都是较为陌生的。且在《公司律》颁布前，晚清政府并没有对国民进行相应的信息和知识储备，因此这个正式制度颁布后，能否与当时当地的非正式规则兼容值得探讨。实际上，《公司律》颁布后确实被诟病为"致多拂逆商情"，这种简单粗糙的法律制度移植在当时中国大部分地区产生了"淮南为橘，淮北为枳"的效应。

　　《公司律》能否在传统的中华大地上顺利实现制度变迁，一方面需要有权威组织来实施，另一方面需要有相兼容的非正式制度。二者相辅相成，在一定程度上也可以互相弥补。鉴于晚清时期，清政府权威不够、权力涣散，因此推行实施新制度的运行成本相当高昂。清政府并非没有努力，商部及其分部的建立、商会的推行都是辅助性手段，不过事实证明当时清政府的社会掌控力已经非常弱，导致了新制度实施的复杂性和低效性。对于第二个条件，晚清时期中国大部分地区仍是自给自足的小农经济，根深蒂固的农业经济传统难以匹配现代商业制度代表之一的《公司律》，但是条约口岸地区，因为西方商人和西方商业的较早进入，非正式规则已经发生潜移默化的变迁，因此更可能兼容作为西方公司制度舶来品的《公司律》。由此可见，《公司律》在降低交易费用、推动企业组织形式变迁方面的作用，可能在条约口岸地区发挥得更好。对于《公司律》移植效力的测量，最直接的方法就是其对新设企业的促进作用，因此本研究将通过对晚清时期，《公司律》颁布之前和之后，新设企业数量的变化对比来衡量《公司律》的实施效果。

### 2.3.2 口岸地区和非条约口岸地区的对比分析

鸦片战争前，清政府仍然是建立在自给自足的自然经济基础之上的封建农业帝国。其内部虽有零星的资本主义萌芽，但在统治者闭关锁国、重农抑商的政策压抑下，发展的空间和机会极其有限。因此，在社会经济组织形式上，缺少创新的机制和条件，产业组织形式大多停留在手工业作坊和商人雇主制阶段。前近代中国社会的经济组织形式主要是"独资"和"合伙"两种类型。独资经营靠自由资金，承担无限责任，家庭财产和经营资本没有明确界限。合伙经营主要有两种形式：一般合伙和股份合伙。一般合伙既包括资本与资本的合伙，也包括资本与劳动的合伙；股份合伙是一种将合伙资本等分为股份，以股份制为实现形式的合伙经济。但作为工业革命后出现的新的企业形式，工厂制企业和公司制企业，在清代鸦片战争前还不可能出现。近代新式企业制度在中国本土出现，可以追溯到 18 世纪外国资本在清朝的投资，现代企业制度是伴随着列强侵略活动而进入中国的。鸦片战争之后，大多数从事对华贸易的外国商行在华设立代理行，组织在华业务。这些代理行的业务并不局限于一般的商业交易，而是经营种类繁多的业务。洋行在华投资活动发展极快，同时使公司企业制度扩散开来。根据美国学者郝延平（1988）对怡和洋行的活动统计，怡和洋行在船运、码头仓库、保险、金融、制造业等领域都有投资，其中在华投资项目采用公司制企业形式的占绝大多数。在华设立的外资企业，其中不少采用了比较先进的工厂制企业形式和公司制企业形式。这些新的企业制度模式由早期集中于商业贸易领域，很快扩散到金融、保险、轮船运输、工业、铁路运输、码头、房地产行业中。这些西方新式企业不仅采取了比较先进的企业组织形式，而且在不平等条约的庇护下享有种种特权。外国的公司制企业依照各自国家的商事习惯和法律规范设立运行，它们在中国的经营活动实质上是在清政府的管辖范围之外。它们或在本国国内注册，或者在英国殖民统治的香港注册。19 世纪下半叶，港英政府颁布了《公司组织法》。不少在中国境内营业的外国公司，特别是英商公司，纷纷在香港注册，主要在中国内地营业。从 19 世纪 70 年代下半期起，英国的股份有限公司条例，也普遍适用于它在中国的航运公司。这些法律规范为外国轮船公司注册为英商公司提供了便利条件，有利于它们在中国的经营扩张。这说明这些西方新式企业，尤其是公司制企业，完全是按照西方本土的企业模式成立并运作的，体现出了当时的公司制企业的基本特征，并随着西方资本主义国家经济法规的调整、制定，不断规范公司制企业的运行方式。可见，中国近代最早的公司制企业，其发起人、组织形式及具体的运营方式，都是从西方资本主义国家传过来的，其制度特征与母国一脉相承。近代公司企业制度从西方传入中国的史实表明，贸易的广泛发展是公司制度移入中国的重要前提条件。贸易的扩大，特别是海外贸易的扩大，需要大量投资，贸易的发展需要交通运输业的发展，同样需要大量投资。要解决大规模资本需求的问题，就只能向社会筹集资本。公司制在中国的产生离不开贸易的发展。中国公司制企业的产生，正是中外贸易发展的产物。另外信用制度的产生也为公司的创立提供了条件。洋行早期的业务活动有相当一部分涉及中外贸易中的金融业务。19 世纪 40 年代，外国银行开始进入中国，不断扩展其势力，控制中国的金融市场。外国金融机构大都以股份银行的形式出现，充当了公司创立的中介和桥梁。

《公司律》被认为整体实施效果微弱，主要的原因是这个正式制度与当时的非正式规则环境不相容。但如果我们对《公司律》实施效果的考察就停留在这个层面，也会误读近代中国法制史和经济史。鸦片战争后，虽然是清政府被迫打开国门，西方资本主义进入中国，但由此中国的经济转型便开始了。这种转型首先从条约口岸开始。外国人通过不平等强权在条约口岸建立了租界，租界享有治外法权，是属于清政府大一统体制外的权力中心，因此新的经济活动自租界内开始进行。自然地，以西方制度为示范的经济规则自下而上的转型便从这个体制外的部分开始了。条约口岸地区发展出了进出口贸易、运输、金融业、制造业等现代产业，也产生了市场制度、企业制度、金融制度等现代制度，其中就包括了公司制度和西方商法，这些都是传统中国所没有的新生事物。到 19 世纪 70 年代时候，"有限责任思想"和"股份有限公司"就已流行于条约口岸的各种经济生活之中。

但是即使发展到 1904 年的口岸地区已经有这些蓬勃的新型经济，这种近代化增长的扩散却面临许多制约，包括辽阔的面积和分散性的人口分布，以及顽固的传统经济模式，使得这个时期的近代经济发展呈现明显的地区性特征。施坚雅（Skinner，1977）的估计表明，1893 年的中国，不到 4% 的人口居住在人口 3 万以上的城市。而通商口岸的人口只占城市人口的 3%（Murphey，1953）。因此，当时广泛分散的人口大部分都没有加入近代经济运转中来。此外，传统经济的竞争也会减缓新产品和新生产方式的传播。虽然最终逐利行为会决定人们面对盈利机会时候的反应，但延续千年、根深蒂固的传统经济的阻挠会极大延迟非口岸地区对新经济的接受。比如运货卡车和铁路就在相当长一段时间面临着来自帆船、手推车和马车等非机械运输工具的有利的价格竞争。因此，这些制约因素和强大的传统经济部门，造就了口岸地区和非口岸地区经济发展的巨大差异，也影响了这两类地区非正式规则演化的进程。

法律制度的引入和本土化，首先表现为新进入的各种规则和规范与旧有的规则之间，为"争夺秩序主导权而互相竞争"。之后通过竞争、磨合，新旧规则之间的差异渐渐缩小，最后能彼此兼容。中国开埠后，西方法律制度在具体的经济实践活动中，逐渐被认同和接受，并养成为中、外商人和各个行业及相关地区都接受的"交易惯例"，沉淀为"商人法"。在这些演化的商业制度法规中，影响深远的就有企业有限责任制度、商业合同制度等等。这些非正式制度的变迁都不是政府或行政当局主导的，而是市场自身对秩序需要的一种体现。这种变迁是一个过程，是适合当时经济实践需要的自发转变过程。伴随着这个非正式规则变迁过程的是市场的发育和商业的繁荣，也催生了对正式规则的需要。郑观应就呼吁清政府要"俯顺商情""取法于人"，"以收富强之实效"。① 而在非口岸地区，因为经济发展的滞后、社会结构的稳定以及其他制约因素，仍主要沿用旧有的商业习惯。

　　口岸地区和非口岸地区在非正式规则方面的特点对比，对应于《公司律》的规则内容，主要表现为"注册制"和"有限责任"两个方面。《公司律》这个舶来成文法，作为正式制度已经具有了现代意义，最核心的内容是规定公司的"注册准则制"代替之前的"政府特许制"、用"有限责任原则"替代传统的"无限责任"要求。但当时中国的非口岸地区基本仍是小农经济模式为主，非正式制度仍停留在适应封建小农经济模式的阶段：通行的商业模式是合伙制或独资方式，且尽可能避开官府的耳目，因此"注册制"并非其强烈需要的规则；传统"无限责任"作为一种通行模式和商业诉求，实质上也是在彼时环境下建立信任机制、吸引投资和业务伙伴的有效手段，相反"有限责任"倒可能带来道德质疑，影响商业交易的进行。因此《公司律》的内容和形式相比非口岸地区的经济环境和经济模式太过超前，与当时当地的商情不匹配，实践效果较不如人意也是逻辑之中。或者说，虽然非口岸地区的正式规则已经发生变迁，但相应的非正式规则环境变迁还没开始、或仍在起步阶段，因此正式制度的实施效率不明显、有效性不高。而口岸地区与《公司律》相对应的非正式规则环境已经发展得比较完备，甚至有些商业习惯在《公司律》颁布之前就已经成熟，因此二者能彼此兼容，互相加强和促进。正如科大卫（2002）总结的，"1904 年的公司法，是使得近代公司得以在中国存在的一系列事件的最后一件"。

### 2.3.3　晚清《公司律》推动中国早期工业化发展的逻辑

　　"专制社会在转型基本完成之前，是不可能产生名实相符的现代宪法的"

---

① 夏东元编：《郑观应集》（上册），上海：上海人民出版社 1982 年版。

（杜恂诚，2017）。但法律的现代化过程不必一定从宪法开始，有关商事的公司法律制度立法也是其中重要的组成部分，是国家为了调整商事行为而进行的公司法制定、认可、修改、补充、废止的活动（季立刚，2005）。晚清时期的法制改革就是如此。1904 年《公司律》颁布可以视为近代中国法制现代化改革中商法改革的开端。因为在此之前，传统中国只有刑法而没有民法，更没有针对商事的法律体系。国家没有保护工商业组织的责任，相反却通过税收、苛捐杂税以及报效等方式，不断从商人中汲取财富，严重破坏了商人的财产所有权。

《公司律》是典型的舶来品，《公司律》的颁布原因部分来自内在经济发展、政治稳定的需要，还有部分则是迫于西方国家的压力。西方国家的法制体系和传统中国的法制体系差异甚大。从源流而言，古典罗马是一个法律共同体，传统华夏则是伦理共同体。当时西方列强热衷于开发远洋贸易，到亚洲"攻城略地"，随着这些贸易公司和其背后的政府而来的，是西方的公法秩序和普世形态，逼迫伦理共同体向法律共同体转型，中国近代的现代法律转变进程便是接纳和实践此种法律体系的过程。

为何《公司律》有可能推动晚清中国工业发展、进而带动经济增长呢？正如前文论述的，制度对工业化发展的推动主要从技术进步和组织创新两个渠道来实现。循着这个逻辑分析，考虑到《公司律》的特点，作为当时的一种先进商法制度，更侧重从推动组织创新这个方面促进工业化的发展。具体而言，《公司律》的引进和颁布就是为了推广公司制这种新型组织形式在中国的普及和运用。从新制度经济学的角度而言，《公司律》通过降低人们设立和运营公司的交易费用，提高公司制抓住市场盈利机会的能力和效率，从而鼓励更多的公司成立，活跃市场和交易，形成经济运转的良性循环。

从《公司律》的内容来看，《公司律》规定公司设立由之前的政府特许制改革为注册准入制，降低了市场准入门槛，减少了交易费用，极大地拓展了非特权阶级进入工商业运营的机会。《公司律》从法律层面承认有限责任的公司形式、对之进行规范管理，使这种游戏规则更具有权威性，极大地降低了这种新的组织形式的运行成本即管理型交易费用。中国商业传统中商人承担的一般是无限但不连带的法律责任，这给商人带来了沉重的思想负担，从而极大地抑制了商人投资的热情。近代洋务企业中，虽然注意引进西方近代股份公司的筹股和经营方面的方法，但却未有明确商人股东的有限责任。随着洋务企业的纷纷倒闭，商人股东的命运可想而知，所以在较长时间内，商人对于"公司"两字深为厌恶。筹办公司最要者亦最难者，无疑是股款的募集，而传统的无限责任显然对于公司的设立构成了极大阻碍。《公司律》的诞生，基本满足了商人的这一有限责任的法律理想，消除了出资后的无限责任牵累的忧虑。

与此同时，《公司律》的颁布和其实质内容都彰显了国家对商人阶层和商业行为的认可甚至推崇，极大地提高了商人阶层的社会地位、推动了商业行为的普及，一定程度上减少了政治型交易费用。总的来说，《公司律》的具体内容和传递的社会信号，都可以起到降低交易费用、推动公司制普及的作用；只是这种作用的实现，还有赖于《公司律》的实施过程。

## 2.3.4 晚清《公司律》实施效果地区差异化的实证检验

针对历史与近代社会中制度与经济表现的交互作用，诺斯提出了一个后来称为"新制度经济学"基础的概念性结构。尽管诺斯的理论框架在很多西方国家的历史语境中都被成功地运用过，在中国这个理论也备受肯定和认可，但运用到中国历史，尤其是中国近代经济史的案例还不多。[①] 诺斯认为，制度包括正式约束、非正式约束和实施特征。正式规则主要是由人们创造出来的、可能短时间内改变的规则，公司法这种成文法就是典型的正式规则；而

---

① 苏基朗（美）在其主编的《近代中国的口岸经济——制度变迁与经济表现的实证研究》中将诺斯的新制度经济学理论框架应用于口岸经济的个案研究。

习惯法等非正式规则一般是随着时间推移演化出来的，具有一定的稳定性，其变迁也需要一定的时间。一个制度体系受变迁影响的因素越多，制度变迁对交易成本降低的推动力就越大。当一个经济体系的交易成本大幅度降低时，获得更高边际利润的新机会就会出现，企业追求这种机会的动机也会相应提高，这个过程创造了增长的动力，改善了经济表现。

《公司律》作为政府颁布的成文法，是中国历史上第一部商法，是针对社会商业活动进行的正式制度方面的变革。《公司律》作为典型的舶来法，试图通过移植西方国家关于"有限责任"和"股份公司"的概念，促进华商附股本国企业和推广公司制度在本国的发展，进而带来经济的增长。这个以西方企业组织形式为示范的正式规则的变迁，要充分发挥其有效性和积极作用，还需要非正式规则的配合。只有当非正式规则同样发生了变迁，且变迁的方向和频率与正式规则相匹配，才能为正式规则的实施奠定基础。在《公司律》颁布的 1904 年，虽然以上海为典型的口岸地区的近代经济获得了一定的发展，但其他广袤的非口岸地区仍处于小农经济阶段。口岸地区的非正式规则环境，尤其是以西方商法为示范的商品交易规则获得长足发展；相比而言，非口岸地区的商业习俗、行为规范等仍保持着传统模式。这种对比启发我们去探索《公司律》这个正式制度，虽然在中国大部分地区实施效果不显著，但是不是在口岸地区会表现出更好的制度有效性？在这个理论分析和推导的基础上，本书通过收集和整理相关数据，采用双向固定效应模型对这个假设进行了实证分析，以证实理论假设的现实相符性和结论稳定性。

# 第3章

# 《公司律》颁布和中国早期工业化的史实刻画

## 3.1 晚清《公司律》的综合分析

### 3.1.1 为何公司制没有在传统中国自然产生

公司制对于经济发展非常重要，有学者甚至认为英国工业革命的成功也应归功于公司制，使得技术发明有用武之地，进而推动生产效率的提高，获得经济飞速发展。晚清《公司律》的制定和颁布正是为了推动公司这种组织形式在当时中国的应用和普及。

公司在聚集资本、抵御风险、规范经营等方面都有无可比拟的优势。但是延续千年的传统中国一直采用的都是合伙制，公司制对于近代中国而言是地地道道的舶来品。虽然有学者认为在中国地区有萌芽的痕迹①，但也只能认为是一定程度上某个小范围的相似组织形式而已。为何传统中国一直没能孕育出成熟的公司制并推广开来呢？下文将通过对传统合伙制与公司制的特点比较、合伙制向公司制演化的条件以及中国传统的政治经济构架等方面的论述进行回答，并且指出，没能自发孕育出公司制但适合传统合伙制的土壤（非正式规则环境），在面对突然颁布的《公司律》这个舶来制度时，表现出不相容是符合逻辑预期的。

### 3.1.1.1　公司制与中国传统合伙制的特点比较

目前世界上最大最强的企业大部分是公司制的，可见公司制巨大的作用和强大的生命力。公司制最早出现在 17 世纪的欧洲，是为了聚集长期投资的需要而产生。16～17 世纪兴起的大西洋贸易展现了诱人的投资回报前景，但也需要巨额的资本长期投入，因此单单靠家族集资已经不能满足需要。为了抓住潜在的利益机会，创新性聚集大量"陌生"资本的商业组织模式——公司制产生了。因为盈利前景的诱惑和对高额资金的需要，传统的从家族成员或社会关系网络筹集资本的方法已经不能解决问题，因此需要从陌生人手中筹集资本。这是一个很有挑战、很有风险的活动，需要解决两个最基本的问题：一是对公司而言，投入的资本不能被投资者随时随意抽走；如若资本随意退出，则贸易项目可能随时中断无法进行，之前的投入都会白白浪费。二是对投资者而言，防止为盈利机会而投入的私人资本不能被政府随意征用，

---

① 比如刘秋根（2002）认为，我国传统的合伙制企业经过不断发展，到 15～18 世纪也已经具备了近代股份公司的因素。曾小萍（2014）以自贡为研究对象，指出当时的企业已经具有了现代公司的元素，比如"一体化""专业的管理人员"等。

也就是私有产权要有保障。针对第一个问题，契约能部分解决这个担忧。根据双方契约，投资人可以选择固定时间资本锁定和资本永久锁定。固定时间资本锁定是指投入资金在项目中锁定一段时间，一般为一个项目的完成时间，之后资金就可以撤走。英国的东印度公司在成立之初就是这种模式，以船队往返亚洲一次作为资本锁定的一个时间段。资本永久锁定是指投入资本不得撤回，如果投资人想拿回资金，则可以通过二级市场交易其股份，但对于公司而言，资本稳定不变或者只会增加。17世纪的荷兰东印度公司是最早采用资本永久锁定模式的公司。有研究表明，资本永久锁定模式采用的前提是政府或皇权受到制约，不得随意征用私人资本，也即前面提到的第二个基本问题。这两个问题都需要法律创新（legal innovation）才能解决。

通过法律的形式保证公司组织资金的长期稳定性，以及免受政府盘剥的可能性是公司制能顺利发展的非常重要的外在条件。与此同时，公司制的内在特点也区别于传统的合伙制。首先，公司制赋予企业组织法人资格，因此其可以独立于其投资人而具有自治权。法人资格要求企业组织具有一系列的特征，包括代理制（representation）、实体保护（entity shielding）、资金锁定（capital lock-in）、股份可转让（tradable shares）和有限责任（limited liabil-ity）等（Hansmann and Kraakman，2000）。这些特征使得公司能作为法人独立拥有财产、签订协议或者解决法律纠纷。

代理制是指公司作为法人，即使赋予相关的管理人员签署协议、运营决策等权力，但所有资产的所有权和相应的各种责任仍在公司本身，这使得公司的投资人和管理人是分开的。实体保护是为了保护公司资产区别于所有人的债务。弱实体保护只是给予公司债权人比个人（投资人）债权人优先的清算权，而强实体保护则要求个人（投资人）债权人没有清算公司的权利，且投资人不能因为个人债务危机而要求抽走资本或清算公司。资本锁定使得投资人可以进行长期投资，如果缺乏这个特点，则投资人可以随意撤资以清算公司。股份可转让使得投资人可以随时退出而公司资本不会受到影响。有限责任则是保护投资人的个人资产不受公司债务的影响，如果没有这个特征，公司债权人可以要求公司股东以个人资产来偿债，因此这个特征严格区分了公司资产和个人资产。

"实体保护"和"有限责任"区分了公司资产和个人资产，为公司长期运营提供可能性；但"有限责任"有可能通过合约来实现，而实体保护只能通过法律的强制实施来获得。另外，"资本锁定"是实现"实体保护"的前提，因为只有投资者不能随意撤资，才能保证企业经营资本的稳定性。"资本锁定"的实现，一方面需要通过法律创新来强制施行，另一方面需要建设二级市场，通过"股份可转让"来实现股东的资本撤离自由（转换股份）股东之间股份的转让不会影响公司的整体运营。可见，公司制的这几个本质特征环环相扣，而且其中的主要特点是需要通过法律才能实现的。

有了这些组织特征的创新以及相应的法律框架的创新，公司制在筹集大量资金、稳定经营和风险控制等方面的优势才能发挥出来。而这些内在特征和外在环境要求，显然是中国传统的合伙制所不具备的。

企业的运行机制有多种，中国传统时期以合伙制为主。合伙制中，参股人承担无限责任，公司债务和投资人个人资产是相连的。即投资人对公司债务的偿还责任不是以其投入资本为限，而是全部捆绑在一起。另外，因为没有实体保护，投资人的个人债务也可以要求企业资金偿还，因此一些因为股东个人债务而拖垮整个企业的案例不在少数。每个股东都有随时要求清算企业的权利。调节这种经营方式的主要是合伙契约和约定俗成的"不成文法"（彭久松，1994）。合约契约一般规定"盈亏与共""苦乐均受"，各人所占股份比例，一般是与收益分成相关，并不是严格意义上的有限责任制度。因为要"盈亏与共"，承担无限责任，因此合伙制不会发展出"代理制"模式，即企业投资人和管理人分离。合伙制中，一般投资人就是管理人，或者指派管理人。因此，合伙制相比公司制，特点多有不同。合伙制投资人承担的风险更大，但因其对特定政治、经济环境的适应性，在传统中国一直都是最主要的企业形式。

### 3.1.1.2　公司制没有在传统中国自然产生的原因分析

延续千年的传统中国为何没能产生公司制，而是一直采用的合伙制？公司制的兴起源于新的巨大盈利机会的产生，要抓住这个机会需要大量的投资，而这些投资仅仅靠家族或朋友范围内筹集尚不足够，只能通过"陌生人"聚集资金。因此，公司制缘起于商人为追逐利润，对大量、长时间投资的需求。也就是说，公司制的产生，需求方面源于有潜在丰厚利润的盈利机会的吸引；供给方面则是有资本愿意加入以追求这种机会；连接供给和需求的，是为了追求利润而愿意承担风险的企业家精神。

中国传统经济思想对晚清企业制度形式有复杂的影响。包括以下几点：（1）重农抑商的思想。这一思想源远流长，可以追溯到先秦法家商鞅提出的"能事本禁末者富"。把"本业"定义为男耕女织的自然经济的农业，"末业"主要指工商业。这个主张对后世产生了深远的影响。后来隋唐的商品经济和工商业有了较大的发展，人们对工商业的认识有了一定的改变，但重农抑商的传统的政策仍一脉相承。发展到宋代，工商业已经较为发达，但商人的地位仍十分低下。明清时期的统治者仍实行的是重农抑商的传统政策。这种思想及政策有深厚的社会经济基础。封建社会生产方式的基础就是农业与手工业相结合的自然经济，社会生产总体而言是自给自足的简单再生产，因此农业对于封建社会的稳定发展有着决定性意义。而私营工商业的发展，会相应引起社会生产方式和生产关系的变化，从而动摇封建统治的根基。因此，重农抑商的思想和政策正是历代统治者巩固自身统治的基础性工具。（2）官营手工业、矿业思想。官营思想起源也很早。西汉时期的轻重论者就认为国家应该直接参与市场活动和经营工商业，运用行政手段和经济手段，控制工商业，抑制商人资本，增加财政收入，巩固中央集权专制主义的封建政权。轻重论者提出对手工业"封而为禁"的政策主张，国家直接经营、控制手工业，关系到国家的财政收入，"盐铁，二十国之策也；锡金，二十国之策也"。汉武帝时，桑弘羊从封建国家的利益出发，提出了"兴盐铁，设酒榷"的官营经济主张。"兴盐铁"是政府对盐铁生产进行直接控制，"设酒榷"是禁止民间私自酿酒，而由官府自行酿造。官营手工业的历史可以追溯到西周时期，当时手工业已基本为官府控制，形成了"工商食官"的局面。汉代统治者建立了庞大的官办工业体系，政府直接经营冶铁和制铁工业。自汉以来，官营手工业、官营采矿业一直是历朝历代统治者经济政策主张的重要部分。后随着商品经济和手工业的发展，其政策主张也逐步进行了调整。清代时期，统治者正式宣布废除匠籍制度。思想界人士对官方控制手工业、采矿业提出了若干修正意见。清初顾炎武主张由各地政府开发矿业，希望通过经济体制上加强地方政府的权力，改变中央集权专制政治对社会经济的束缚状况，推动商品经济的发展。清朝对采矿业、手工业的经济管理政策出现了一些新的变化，并直接影响到晚清时期新式企业制度的选择。以矿业为例，康熙二十一年（1682 年），云贵总督蔡毓荣在奏准开办云南矿务时，提出"听民开采，而官收其税"，主张采取招商承办的经营方式，"或本地有力之家，或富商大贾，悉听自行开采"。可见，鸦片战争之前，官办手工业的衰落以及采矿业新经营方式的出现，对晚清手工业新的经济组织形式有直接影响。（3）禁榷专卖思想。所谓禁榷，就是对关系到国计民生、利润高的行业实行政府垄断经营。在官府的控制下，包揽从进货到零售的全部商业活动。禁榷的范围包括铁、盐、茶、酒等多种行业。禁榷专卖制度把最重要的商业经营控制在政府手里，限制排斥商人自由经营，政府统购统销，使私营工商业的发展空间受到极大的挤压。禁榷起源很早，自古有之。西周时的"工商食官"，即手工业和商业由奴隶主国家政府经营。随着商品经济和社会生产力水平的发展变化，禁榷制也发生了变化，由早期官府控制生产经营、运输销售的全过程，逐步演变为针对某些关键环节，官方予以重点控制，出现了民采、民产、官方收购、商人运销的趋势。禁榷制最大限度地控制和支配了社会经济生活。

统治者对民间工商业采取严厉的抑压政策，谋求自身的统治特权利益。但社会经济的发展，必然要摆脱禁榷专卖的制约，而且政府的直接干预往往带来一系列严重的社会弊端。禁榷专卖思想和制度增强了政府干预经济生活的能量，缩小了工商业者的活动空间，助长了垄断商人的势力，萌生了政府经济管理机构中的腐败寻租现象，降低了经济活动的效率，使有限的社会资源得不到有效配置，严重阻碍了商品经济的发展（严亚明，2003）。（4）国家本位的求富思想。传统经济思想关注求富问题。求富主体可以分为四种：国家、君主、百姓和私家。为整个国家求富，在传统经济思想中成为"富国"。为国家政权求富即增加国库的收入和储备，传统经济思想称之为"足君"或"富上"。为百姓求富，称之为"富民"，为个人或私家求富，称为"富家"。传统经济思想的基调是"富国"，把富国放在优先的位置，认为这个是解决其他社会问题的基础。只有社会财富总量增加了，社会资源的分配问题才有意义。因此，足君、富民的前提是富国。只有通过社会生产来增加社会财富，实现广义的富国，使富国、富民二者统一起来。关于富民和足君，传统经济思想更强调富民。要在保证富民的基础上，适当增加国库的收入和储备。主张减轻赋税，使百姓有财力改进生产条件，生产发展，增加社会财富，国家财政收入才有稳定的来源。传统经济思想对富家的看法相对比较消极。认为富家加剧社会两极分化，影响社会稳定，妨碍富国、富民。富家有多种途径，先秦法家就认为国家应抑制工商业发展，堵塞农业之外的其他致富门径。西汉轻重论者认为商人靠经商来富家对富国和富民都是不利的。商人囤积居奇，操纵市场。总的来说，传统经济思想对富家问题有积久相沿的成见，以简单再生产的眼光来看待富家问题，认为富家就必然扭曲了现有财富的分配，这样一些个人私家富有了，其他私家分得的财富就少了，或者损害了国家财富，因此把富家和富国、富民对立起来，却没有关注富家的经营致富原理以及社会外部性，不注重探讨微观经济活动。（5）重视工商业活动、主张民营的非主流思想。这类思想虽然未能占据主流，但对重农抑商、禁榷专卖官营手工业和矿业制度、歧视富家等思想加以修正，对晚清的企业制度思想起到了很大的推动作用，这在晚清的企业制度演进中也有所表现。西汉司马迁不主张重农抑商，要求对手工业实行放任政策。唐宋以后，手工业有了较大发展，明末清初，黄宗羲提出"工商皆本"的观点。鸦片战争前夕，包世臣提出了"本末皆富"的思想，主张重农而不抑商。本末皆富的思想是对传统"重农抑商"的挑战，指出本富与末富是相辅相成的，本富不能离开末富而独立发展。

由此可见，这些传统经济思想遗产，有些阻碍、扭曲了晚清企业制度现代化的发展，有些则促进了企业组织形式的变革。这些思想使得晚清企业制度思想在其发展演进过程中打上了传统的深刻烙印，并在某种程度上左右了晚清制度思想演进的轨迹。晚清人士就是在承袭传统经济思想的基础上开始探讨新的企业制度的。

用这个逻辑来分析传统中国，从需求侧来看，传统商人地位低下，集权政府对商人群体在权力上有明显的优势，而国家利益排斥民间利益的制度结构使得商人一直处于被政府打压的境地。这样的环境下，商人极难获得利润额高的盈利机会。因为这样的机会一旦出现，政府也会首先掌握在自己手中，一是因为以权谋利的传统由来已久，二是因为政府希望长久保持对社会的控制，不愿看到其他阶层的崛起。如盐铁、丝业、酒业等，由于其暴利性而始终被帝国政府牢牢掌握在手中，这也解释了为什么中国历史上"重农抑商"和"官商合一"的制度同时存在，而且历经不同朝代仍是其统治者的恒常选择（邓宏图，2003）。从供给侧分析，大量资本的筹集，无论是单个大资本还是众多小资本，都需要从制度层面解决基本的产权问题才能充分实现：即确保投入的资本不会被政府随意征用、侵占，或者因投资而暴露的私人财产，以及人身安全都有稳定的保障，不会受到威胁。这个问题的解决需要一个高于政府权力的制衡力量。但传统中国一直是"普天之下，莫非王土；率土之滨，莫非王臣"，皇权统治一切，法律只是皇权治理的手段而已，权高于法，因此，基本可以说，皇权不受约束。这个制度特点也养成了传统商人不露财、不露富的行事规则。国家没有保护工商业组织的责任，相反却通过税收、苛捐杂税等方式，不断从商人群体中汲取财富，严重破坏了商人的财产所有权。传统中国商人面对这种"重农抑商"的畸形政策，摸索出来的解决方案并非通过制度改革来保障自己的权利（商人没有博弈的筹码，也没有谈判的力量），而是通过与官僚阶层合作来获得保护，或者通过科举成为官僚阶层的一员。但这种解决方案具有局部性、不稳定性和个案性，因而商人阶层始终不能摆脱官僚阶层而成为独立的新生力量。同时因为对政府缺乏信任，依赖家族等亲近关系的合股成为企业模式的最佳选择，在运营时也坚持其隐秘性和谨慎性。这种背景环境和政商关系，同时也限制了其他可能的组织和运营方式的产生和发展。可见，皇权独大、利益独占，从需求方面和供给方面都抑制了商业的发展，也在一定程度上解释了为什么公司制没有在传统中国萌芽。传统中国的这种政治经济构架延续上千年，培养了中国根深蒂固的独特的商业文化和商业习惯。这种商业文化和商业习惯沉淀成的非正式规则环境，也成为《公司律》这个舶来制度颁布后，在中国大部分地区不兼容的主要原因。

## 3.1.2　晚清《公司律》颁布背景简析

### 3.1.2.1　《公司律》颁布原因

近代以来，西方列强以武力打破了中国之前闭关锁国的状态，并以系列不平等条约长期来束缚中国，以维护其既得的经济特权和拓展新的殖民利益。中华民族逐步陷入了边缘化境地，在沉重的屈辱和贫困中苦苦挣扎。朱勇（2002）指出，"19 世纪末摆在中国人面前的艰巨任务之一是如何富国强兵、重振国威。有识之士提出的方略之一是'实业救国''商业富民'。……商业活动的发展，对国家法律提出新的需要：确立民商事主体的平等身份，确立对商业的特殊保护。基于这一需要，清末法制改革，以商事法律的制定为起点。而在整个法律近代化过程中，民商立法成为重点之一"。

在近代公司法颁布之前，传统中国只有刑法而没有民法，更没有针对商事的法律体系。国家没有保护工商业组织的责任，相反却通过税收、苛捐杂税以及报效等方式，不断从商人群体中汲取财富，严重破坏了商人的财产所有权。政府之手没有法律的限制，与商人之间呈现极度的权力不对等关系，商人没有博弈的筹码，也没有谈判的力量。19 世纪 70 年代后，中国民族资本主义力量开始兴起，但面临着严重的法律危机。在当时有效施行的条约制度、外国法和《大清律例》中没有关于他们合法地位的保障性规定，因而它们只能寄身于其他形式的经济存在之中，或附股于洋行，或为洋务企业的商股，或为私营商办股份。随着自身力量壮大，民族经济力量就必然呼唤自己的法制，提出自己的立法主张。郝延平（1988）研究发现，"70 年代后期以后，英国商法，特别是涉及有限赔偿责任的商法，也普遍应用于在英国轮船公司。这样不仅更加方便，而且更为安全，二者相结合，便吸引了更多的中国资本到外国企业中来，在轮船和保险领域更是如此"。

商人意图用法律来对抗官僚或官府的非法干涉与勒索，其出发点与终点均在于保护商人自身经济利益。鉴于晚清政府的洋务运动中"官督商办"政策的教训，商人期待拥有自己的商法，意图以此作为依据，对抗政府的任意干涉，并促使政府能真正担负起"恤商惠工"的责任。在新式华商看来，商律至关重要，制定商法是"保商之政"的重要举措，应尽早制定颁布。同时也寄托着理顺官商关系、防止官吏的控制，并使之依法履行护商、恤商职责的希望，所以国家应"仿西法颁定各商公司章程，俾臣民有所遵守，务使官不能剥商"①。他们希望依照西方商法模式，建立一个具有保商、防官功能的

---

① 郑观应：《盛世危言》，北京：华夏出版社 2002 年版。

近代商法体系，而且这种"以法制权"的思想也成为之后民国时期法治主义思潮运动的核心范畴。

对于清政府而言，制定商法的意图主要在于发展新型民族资本主义经济，渡过眼前财政危机。战争费用、巨额战争赔款和列强对华的掠夺，逐步把清政府推向财政危机，所以必须尽快找到新的财政来源。"必先富而后强"，必须鼓励私人兴办企业，与洋务工业协调发展，具体形式主要有二：一是"官督商办"，二则"官商合办"。然而，"官督商办和官商合办终究是一种畸形物，因'官督'而涌来成串的总办、会办、帮办及腐朽的官场习气……这又造成了民族资本主义萌生和发展困难"（陈旭麓，1992）。为此，张之洞指出"华商或附洋行股份，略分余利，或雇无赖流氓为护符，假冒洋行。若不急加维持，势必至华商尽为洋商之役而后已"。其惋惜之意溢于言表，因为这种情况的普遍存在便意味着大清政府的财政又要蒙受损失了。为此，他也主张速定商法，"必中国定有商律，则华商有恃无恐，贩运之大公司可成，制造之大工厂可设，假冒之洋行可杜"。① 这样，清政府的财政也就收入必然会增加了。李鸿章对此也指出："泰西各邦，皆有商律以保护商人，盖国用出于税，税出于商，必应尽力维持，以为立国之本。"② 可见，清政府主张编定商法的目的之一，即在于增加政府财税收入。因此在这种环境和传统下，晚清政府颁布《公司律》以表示对商业的重视、对商人地位的提高，虽然受到小部分社会精英的赞同，但与当时大部分的社会共识是相去甚远的。而清政府颁布公司法也并非真正意识到了工商业的经济和社会价值，而是希望能奇迹般地扭转清政府的困境。

以 1840 年的鸦片战争为节点的中国第一个口岸开放期，通商口岸迎来大量西方企业的入驻，也带来了新的社会经济价值观。中国进入洋务运动时期。

---

① 朱寿朋编：《光绪朝东华录》（第四册），张静庐等校点，北京：中华书局 1958 年版，第4763 页。

② 《钦差商务大臣李谢恩折》，载《江南商务周报》1900 年第 3 期。

清政府考虑到此时已无法提供开办企业所需的全部资本，因此西方的公司制被顺理成章地引入进来以吸引民族资本家投资参与。相比其他西方经验进入中国所遭遇的强烈抵制，公司制的引入似乎是毫无阻力（方流芳，1992）。但因为受传统意识的影响，朝野上下都认为即使是鼓励和发展民族工商业，也应该在国家监督范围内（陈锦江，1997），因此民营企业几乎都采用"官督商办"的模式。这种模式在采用之初是很受商人欢迎的，因为民间资本家企图从官府主导的新式工业中获得高于投资土地和农业的资本收益率。但这类企业在运营过程中弊病丛生：商人是主要投资者，却没有参与权和管理权，运营的主导权在官府，以致企业运作效率低下、腐败丛生；另外当公司破产时，地方政府通常要求优先赔偿官方贷款和资本，给商人股东的所剩无几。商人投资者对这种做法甚为不满，直接的后果就是官督商办企业大量破产，而商人也不再愿意投资参股到新成立的政府主导企业中来。

始于 1894 年中日甲午战争的第二个口岸开放期，《中日马关条约》确认外国有在华投资设厂的权利，而官督商办企业的失败使得国内企业不具备和外资企业竞争的实力。为了应对这种局势，清政府开始鼓励民间工商业的发展。但如何重新调动商人投资办企业的积极性，给予企业一个合法、自由的发展空间，成为清政府所迫切需要解决的问题。不少开明官员，比如张之洞、盛宣怀、刘坤一等都在会奏中提出应早定商律。

与此同时，废除领事裁判权的需要也成为清政府制定公司法的直接动因。鸦片战争后清政府签订的一系列不平等条约，最侵犯主权的条款之一就是领事裁判权。对于治外法权，清政府初始对其危害性认识并不足，只提出领事不能由商人担任的要求。"以洋法治华人，所以使华人避重就轻也，以洋法治洋人，所以使洋人难逃法外也"①，反映了时人的思想局限性。之后人们才逐渐发现这种特权严重地践踏大清政府的司法主权，并力图早日收回，但一

---

① 马建忠：《适可而斋记言》（第一卷），北京：中华书局 1960 年版。

直遭到列强的抵制。后来，英国在 1902 年的《中英续议通商行船商约》中首先承诺"中国深欲整顿本国律例……一经查悉中国律例情形及其审断办法及一切相关事宜皆臻妥善，英国即允弃其治外法权"①。后来美、日、葡等国也表达了类似的意思。为了尽快废除这一条款，清政府积极推动法律改革。"方今改订商约，英、美、日、葡四国，均允中国修订法律，首先收回治外法权，实变法自强之枢纽。"②

由此可见，推动工商业发展、废除治外法权这两个原因是清廷修律的直接动因。但在这个直接原因背后，清政府最终的目标是为了延续和强化中央政府的权力（Kirby，1995）。一个重大社会事件的出现，往往是由诸多社会因素对其共同影响和推动的结果，其中人的主观努力总是其中的直接动力。这些努力的背后均隐藏着明确的利益动机与目的。清政府积极推动商法的制定，其本意在于对其进行征税和加强行政控制，也正因为这个本质目标的存在，使得公司律的制定和实施过程中一系列被后人诟病的地方，都变得可以理解了。可见，相较于深层次经济基础的影响而言，政治的影响对于法制发展的转型具有更加直接的意义。促进近代商法诞生和法典建设进程的，主要是政治条件的具备和现实作用的发挥。

### 3.1.2.2 《公司律》的颁布和实施机构

晚清《公司律》的制定时间比较仓促，但在制定颁布之前，西方商法典及其著作的编译并流通于中国，在一定程度上成为近代商法的立法范式和理论支撑。编译外国先进的商事法典和商法论著，是晚清政府系统地输入西方商法和商法理论的主要渠道。这些现代的商法典和成熟的商法理论，也直接地为中国商法的制定提供了完整的法典范式，并为系统地移植西方商法制度

---

① 王铁崖编：《中外旧约章汇编》（第二册），北京：生活·读书·新知三联书店 1962 年版，第 107 页。

② 张国华、李贵连合编：《沈家本合谱初编》，北京：北京大学出版社 1989 年版。

进行了初步的理论论证，因而与中国商法有着直接的、实际的渊源关系。1862 年晚清政府设立了北京同文馆，从而"揭开了中国官方有组织地正式引进与翻译西方法律、法学著作的序幕"（李秀清，2001）。广东、上海、武汉等地也相继设立了数十家翻译机构，在当时形成了编译外国法律和法学著作的潮流。但在初始阶段引进的法律和法学译著中，公法居多，而民商等私法较少。其原因主要是当时仍处于师夷之器物文化和技术文化阶段，对制度文化尚未重视；其次是在处理国际争端过程中，国人片面地注意到了公法的现实作用，以及为解决对愈来愈多的在华洋人的行政管理问题，故出现了对公私法律的不均衡对待。直到 1901 年，流亡西安的慈禧太后以光绪帝的名义颁布"变法"上谕之时起，统治者们才开始逐渐摆脱"祖宗之法不可变"的陈腐信条。这颁谕基本厘定了这场法律革命的两条具体途径，即"或取诸人"和"或取诸己"。其中，"或取诸人"就是指学习西方先进的法律。

1903 年商部设立，具体负责当时商事法律的制定。商部内置有律学馆，专职翻译搜集外国商法资料及其相关法律。同时政府又设有中外法制调查局，负责调查各国的法律制度。1904 年修订法律馆成立，又大大加快翻译外国法律和法学著作的步伐。总体来看，翻译外国商法条文和商法学著作，于当时情况而言，确实具有深刻的功利性。尽管如此，这些活动在当时已经形成了一种潮流，且所获颇丰，这对于中国商法典的诞生起到了直接的作用。

晚清政府于 1904 年 1 月（光绪二十九年十二月）颁布了《钦定大清商律·公司律》。整个法律从制定到实施仅历时 4 个月（即从 1903 年 9 月到1904 年 1 月）。1903 年，清政府指派载振、袁世凯、伍廷芳拟定商律。同年7 月，清政府设立商部后，根据形势的需要，由商部负责制定和颁布了一些应急性的商事法律法规。1903 年 12 月，商部向朝廷奏请先定商律中的公司法，这是商部尚书载振、商部侍郎伍廷芳等人"共同筹议"所得出的结论。"当以编辑商律，门类繁多，实非克期所能告成，而目前要图，莫如筹办各项公司，力祛向日涣散之弊，庶商务日有起色，不致坐失利权。则公司条例，亟应先为妥订，俾商人有所遵循，而臣部遇事维持，设法保护，亦可按照定章核办。是以赶速先期拟商律之公司一门。"清末商律的订立，与当时已调任外务部侍郎的伍廷芳关系密切，公司法编纂完成后，商部以他"久历外洋，于律学最为娴熟"为由，奏请"嗣后筹议商律一切事宜，仍随时与该侍郎会商，以期周妥"。① 1903 年 12 月，商部修成《商律》之卷首《商人通例》九条，《公司律》一百三十一条，旨准后定名为《钦定大清商律》，1904 年 1 月 21 日颁行全国。

因为中国没有商法先例，因此大部分内容都是"仿行西例"。其内容主要来源于英国的公司法和日本的《日本商法典》，因为日本的商法是学习自德国，因此后人评价《公司律》是"英美法和大陆法的混合物"（江平，1997）。《公司律》的颁布和实施由商部负责。而商部是清政府成立的全新部门，不同于传统六部的官僚机构模式，而是专职于领导工商事务，推动工商业的发展。自 1903 年 4 月清廷下令筹建商部，9 月商部就正式成立。商部建立和商法颁布的急迫性（分别为五个月和四个月）也反映了中央政府的心态：他们寄希望新的官僚机构和法律制度能奇迹般带来进步、改变现状。

晚清商法的行政执法主要涉及商业机构的劝设、准设、商业登记以及简单商业纠纷的行政处理等方面。晚清商法是由诸多机构来组织实施，主要包括商部（后改称农工商部）、商会、地方官府以及审判厅等。商部对于商法的执行，主要包括公司批准注册和对商事纠纷的裁决两方面。公司批准注册，是公司设立的必经程序，而根据《公司律》规定，主要由商部承担。《公司注册试办章》也细致地对此加以明确。在商部的隶属机构设置上，设有注册局，专司公司注册之职权。商部成立后，又奏请各省商务局或农工商总局的总办，均由商部加札委任为商部的商务议员。"各省既设商务等局，应由该省督抚于候补道府中择其公正廉明、熟谙商务者，出具切实考语，造送履历清册到部，由部加札委

---

① 朱寿朋：《光绪朝东华录》，台北：文海出版社 1987 年版，第 5114 页。

用作为商务议员，以专责成。"同时，"商务议员应以各该局之驻局总办派充，其领衔遥制者毋庸兼充。设或该局并无总办，仅以提调驻局管摄诸务者，该提调亦准充商务议员"①。商务议员之责在于考察地方一切商务事项，遇事可直接呈报商部，以落实各地方保商之政。"商人如有设立公司，无论何项，由部批准注册后，札知商部议员，应任切实保护之责，仍遵照公司律办理。""商人禀呈事件，如系毫末争执之事，应由商部议员设法排解，以免涉讼。其事关重大以及创立公司等件，均应申报本部酌核办理。"② 可见商事纠纷，如为细小，则由商务议员调解，如系重大，则由商部负责办理。而且这些纠纷处理的法律依据，则在于已颁行的公司律。商部极力地以既颁商律为依据，将商律的诸多规定积极推行和实践到日常工商经济管理领域中，对于推动晚清中国本土新型资本主义经济发展，确实起到了不可替代的作用。

另外，商部建立得仓促，几乎没有经过讨论或争论，也没有考虑这些措施可能带来的影响。当时的慈禧太后武断地下命令，加快建立商部的步伐。③因此，几乎商部一成立就陷于与中央其他部的权限互相抵触和资金匮乏的泥潭之中。与此同时，商部建立后一直未得到地方督抚大员的支持，因为督抚们很清楚：如果中央政府有一个强有力的管理全国工商业的机构，则他们自己对辖区内工商业的控制权就会削弱，所以他们对商部及商部的各项政策既不反对也不执行，这也造成商部的实际权力部分被架空。各机构职能分工的不明确，对于商法的实施尚未形成完整、稳定的系统，且尚显凌乱。

因为地方官员的不配合，商部在各省设立分支机构的计划并不顺利，但并没有放弃寻求同商人建立直接联系的其他途径。商会进入商部的考虑范围，因此有力推进商会全国网络的建立。晚清的商会并非纯粹的民间组织，相反，其领导者在正式就任前须得到商部的批准。因此，当时的商会应是受商部控

---

① 《大清法规大全》第六册，台北：考正出版社 1972 年版，第 2998 页。
② 《大清法规大全》第六册，台北：考正出版社 1972 年版，第 2999 页。
③ 《华字日报》1903 年 8 月 8 日。

制和指导的一种半官方机构。这种带官方性质也体现在了晚清的《公司律》里面。因为《公司律》第 3 条规定，公司的设立须报商部存案，或者通过就近商会报商部存案。商部远在北京，因此大部分不在北京的企业设立时，更有可能选择就近的商会申报。企业在注册后，商部除给予营业执照外，一般都要专门行文地方官和各地商会，请予"保护"。[①] 由此可见，商会在公司设立及之后的发展过程中均扮演了重要角色。不仅如此，商会的作用中还包括以下几点：（1）改善商情；（2）调查商务，编撰统计调查资料并报商部作参考；（3）办劝业会并设商业和技术学堂；（4）通过地方当局传达商人苦衷到商部以保护商人；（5）向地方和中央政府表达商人意见。[②] 可见，商部的用意是准备把商会办成绕过正式的省官僚机构并在地方一级执行商部指示的一个支撑机构，因此授予商会在很多方面可以直接上诉商部的权力（陈锦江，2010）。但实际情况更为复杂，一方面，许多商人怀疑中央政府支持商会建立的目的，要求政府不干涉商会内部事务；另一方面，中央政府和地方政府之间复杂而微妙的关系也影响了商会的独立性。因此虽然商会网络在 1904 年后的一段时间内一直在不断扩大，但商会对政府的影响是很有限的。如同科特理弗（Kotenev，1925）的评论："很值得怀疑是否商会对政府施加了任何重要影响，除非政府利用商会来表达官方意见，否则商会的意见很难被理睬。"

综上可见，《公司律》的实施过程中最重要的两个官方机构，商部和商会都属于新建机构，组织构架尚未完善，执行力尚有限。

## 3.1.3 《公司律》的主要内容分析

《公司律》分为 11 节共 131 条，涉及的内容包括公司的定义、分类、设

---

① 天津市档案馆等编：《天津商会档案汇编（1903—1911）》（上册），天津：天津人民出版社 1989 年版，第 1154 页、1163 页、1174 页等。章开沅主编：《苏州商会档案丛编（1905—1911）》，武汉：华中师范大学出版社 1991 年版，第 304 页。

② 《大清光绪新法令》第 16 卷，第 30～34 页。

立、组织构架到停闭等环节。① 公司律的条例起始于对"公司"的定义：凡凑集资本共营贸易者名为公司。这个定义比较简单，并没有给出公司的实质特征，因此难以和中国普遍存在的合伙制相区别。定义中的核心词之一"凑集资本"，虽然有融资的意味在里面，却没突出公司在融资方面的强大优势特征。同时，这个定义回避了"公司法人"的地位。对于公司律没有提到"公司法人"地位的原因，有资料显示是因为当时中国并没有近代民法的法人理论。② 但离开"公司法人"这一前提来谈股东有限责任和公司治理机制，从法理上讲都是荒谬的。此外，定义中没有明确公司的"盈利性"目的，表明当时的政府和社会对商业公司的发展仍寄予"振业兴邦"的社会目标，而不仅是追求公司的利益最大化。

《公司律》将公司分为四种类型，即"合资公司""合资有限公司""股份公司""股份有限公司"。其中合资公司和股份公司的区别在规定中，主要体现为创办人数的差异，股份公司要求是 7 人或者 7 人以上的创办集资营业者，而对于合资公司，这个门槛是 2 人或 2 人以上。总的来说，《公司律》对合资公司和合资有限公司的规定较少，真正比较适用的就只有第 1 节和第 11 节中的少数，对合资及合资有限公司的内部法律关系、外部承担的责任、公司解散、合资人退出等都未涉及。与此同时，《公司律》在划分公司类型时，基本否认了"一人公司"的存在。但在传统中国，独资作为一种最普通、最简单的资本组织形式，一直占有重要地位，但因为在理论上与公司的本质和原理相违背，因此为《公司律》所否定。

《公司律》对于"公司设立"程序的规定，《公司律》第 2 条规定，设立公司需携带创办公司之合同、规条和章程等到商部注册即可。一定程度上改

---

① 第一节，公司分类及创办呈报法；第二节，股份；第三节，股东权利各事宜；第四节，董事；第五节，查账人；第六节，董事会议；第七节，众股东会议；第八节，账目；第九节，更改公司章程；第十节，停闭；第十一节，罚则。具体可见《大清商律公司律》原文。

② 张家镇等：《公司律调查案理由书》，载王志华编校：《中国商事习惯与商事立法理由书》，北京：中国政法大学出版社 2003 年版，第 84 页。

变了政府对公司的行政性垄断。《公司律》颁布之前，公司设立需要到行政衙门或行政官员处报批，属于政府特许的权利范围，导致了政府职能与私法权利的混合，以及产生行政性垄断的可能性。现在《公司律》规定，"凡现已设立与嗣后设立之公司，及局厂行号铺店等，均可向商部注册，以享一体保护之利益"（第 23 条），标志着创办公司由政府特许进入准则主义阶段。公司设立之路向公众敞开，标志着市场由垄断到竞争、由封闭到开放、由分割到统一的历史转折（方流芳，1992）。

《公司律》对于股份和股东权利做了详细规定：要求所有股票为记名式，在不违背公司章程的前提下可以自由转让，认股之人不论籍别、官职，只照所任股数任其责成。该律规定公司每年至少举行一次寻常股东大会，另外占公司股本 1/10 的股东提出要求，也可召开特别股东大会；凡公司的原始股东无论股本多少，遇有事件准其赴公司查核账目。股东会是公司的最高权力机关，众股东可按股行使表决权以实现其监督公司经营、参与公司决策、选举公司董事和查账人以及开除董事的权利。这些规定基本体现了现代公司企业"两权分离"、股份均一、股权平等的经营原则。

同时，《公司律》首次提到"股东有限责任"，为中国的商业经营带入新的理念和模式，被认为是《公司律》的最大贡献（张忠民，2002）。中国传统合伙制一般规定"盈亏与共""无限责任"。这就使得商人入股风险较大，因此一般都局限于家族内合伙经营。但这种传统的责任形式已经不能适应近代企业发展的需要了。《公司律》明确规定了股东的有限责任。股东有限责任减轻了商人个体的风险负担，消减了对家族的依附，代之而起的是个人义务的增长。个人不断的代替家族，个人与个人之间，形成的就是契约关系。对于近代中国而言，时局动荡，股东有限责任更是刺激和鼓励了投资者的热情。"今日欲振兴实业，非先求股份有限公司之成立发达不可"①。股东有限

---

① 见梁启超：《饮冰室合集》（七），北京：中华书局 1989 年版。

责任是现代公司法律的基石，挑战了传统的债权观念，使得中国传统法律中强调的"义务本位"逐渐过渡到"权利本位"，并使得私权神圣的观念渐入人心。由此可见，《公司律》将股东有限责任定为正式的法律制度，对中国传统观念和社会传统结构都是一个挑战。虽然这种挑战局限于商业领域，但却开启了国人"个人权利本位"的新观念。

《公司律》中很大的篇幅是关于"公司治理结构"的规定和规范（第 2~7 节）。公司制与传统中国企业相比，组织特征方面的最大区别在于其产权结构安排：所有权与经营权分离，股东、董事会、经理层等利益群体之间的互相制衡。公司法就是对这种制衡机制的规范，以保护股东权利。比如张忠民（2002）就曾指出，近代的官办、商办之争，实质上就是公司治理结构不明晰导致的：出资股东没有决策权，而官府和官员却能对企业经营和人事安排任意干预。针对这个突出问题，《公司律》第 44 条规定："附股人不论官职大小，或署己名或以官阶署名，与无职之附股人，均只认为股东，一律看待，其应得余利暨议决之权以及各项利益与他股东一体均沾，无稍立异"，这个条款被认为是中国历史上首次对股东平等原则进行明确规定（周游，2015），确立了资本在公司管理中的地位。对于股利分配问题，《公司律》第 111 条指出，"公司结账必有盈余方能分派股息，其无盈余者，不得移本分派"。这是针对当时商界普遍抱怨的"官利"现象作出的法律回应，也是我国公司法沿用的"无利不分红"原则的立法原点。对于公司控制权，《公司律》第 65 条规定，担任董事必须以持有公司股份为前提，目的在于保证股东对公司的控制权，从立法上限制行政力量过多介入公司运营。

总的来说，《公司律》对于公司制核心特点的把握，重点是放在"有限责任"方面，忽略了其他几点（具体见表 3-1）。这种结构上的缺陷被时人和研究者也多有诟病。但有研究者指出，"想要突出某项法条，而对其他法条不够重视，这是在各国法律制度演进过程中进场会看到的情况"（杜恂诚，2017）。这种情况可以通过之后的修订逐渐取得平衡。

表 3 - 1    晚清《公司律》内容评价

| 项目 | 《公司律》内容 | 备注 |
|---|---|---|
| 法人地位 | × | 无 |
| 代理制 | × | 无 |
| 实体保护 | × | 无 |
| 资本锁定 | × | 第 7 条提及合资有限公司的投资期限，并没有要求资本锁定 |
| 股份可转让 | × | 无 |
| 有限责任 | √ | 第 6 条、9 条和 29 条有提及 |

资料来源：作者总结。

## 3.1.4  对《公司律》的评价

对于《公司律》的评价，已有的研究都强调其在我国商事立法、现代法律体系建立中的地位和重要意义，但涉及《公司律》的内容和实施效果，则褒贬不一。考察近代中国《公司律》的实施进程和效果，必须置其于近代中外关系的国际环境中进行。曹全来（2005）指出，"近代的中西关系，基本上是不对等的。在这种关系基础上，近代中国时刻面临着三大危机——民族危机、政治危机和法律危机的困扰"。如何能安然渡过这些重重危机，在策略上和具体措施上，晚清政府已显黔驴技穷。甚至顾不上在政制和法制上的基本情况和特点，宣布"新政"，仿行君主立宪，并变法修律，"务期中外通行"。这些急促的步骤表现了晚清统治者"岌岌可危"的焦急心态，从而给中国近代法制转型蒙上了急功近利的色彩。也正是这些急促步骤，使得广大国人，包括大部分官员都未能及时做好心理准备，尚未能转变传统心态观点，这就决定了新型法律制度缺乏人们的心理认同，更无法获得中国传统道德的拥护，也难以切合中国社会的实际情况和实际需要。这些来自西方的新型的商法制度"有序的，一层套一层的法律体系的图景与广泛存在的法律实践和法律观念相抵触"（劳伦·本顿，2005）。故实施起来，必然不尽如人意。或者说，晚清时期功利性变法修律，是以法制适应性为代价的，尽管立法者在拟订时已经在某种程度上注意到这一点，但是依然无法避免的。

根据史料记载，上海商务总会曾认为，"兴业最难，政府一定公司律，再定破产律，虽奉文施行而皆未有效力"①。也有观点认为，《公司律》颁布后，在一定程度上得以实施，但在实施后的几年，"社会进步，既甚迅疾，按之实际，已多不便之感"②。当然，积极的观点也是不少的：《公司律》颁布后，"以数年之间，而集资本以从事于新事业者，已一万三千余万之多"，甚至有观察者凭此看到了中国未来的繁荣富强，"我国民向上之心不可谓不勇，而将来我国实业终能振兴与否，则将于此诸公司之成效与否"，"公司之当局者能实心任事经营得宜"，则"十年后我国富与英美争衡可也"。③

时人和研究者对于《公司律》内容的评价不乐观，有些学者认为"体裁不齐，结构混乱"（杨幼炯，2012），"立法主义不一贯，存在重大缺陷"（魏淑君，2006），或者是认为缺乏对中国传统商事习惯的调查，"致多拂逆商情"。可见，《公司律》在内容上不成体系；同时对传统中国的商事问题回应不够，存在超前性和不适应性。对于《公司律》在体例上的不合理，主要源于《公司律》确立了四种公司形式，除第 1 节规定各自的设立及注册办法外，其余的章节几乎都是关于股份有限公司的，对合资公司和合资有限公司规定甚少。即使在规定相对完备的股份有限公司条款中，还存在立法冲突（张曼滋，2014）。此外，《公司律》没有规定近代公司企业的"法人性"，而西方资本主义国家在 19 世纪中期就明确规定了公司的"法人"地位。这一疏漏对于一部公司法而言不能不说是一个重大缺陷，因为没有为公司拟定法律上的人格，实质上就相当于没有规定公司同合伙、独资企业的本质区别。另外，整体而言，《公司律》的内容较为简略，对公司债务、创办人的业务、

---

① 《上海商务总会致各埠商会拟开大会讨论商法草案书》，载《申报》1907 年 9 月 10 日。
② 《调查按理由书》，载《申报》1909 年 5 月 28 日。
③ 《中国最近五年实业调查记》，载《国风报》1910 年第 1 期。

监事、监事会、董事长的权利与义务、公司的分立与合并等都未有专门的规定（李玉、熊秋良，1995）。

对于《公司律》的实施效果，肯定的和否定的观点都存在。肯定的观点源于该律颁布后，商人和政府按照《公司律》行事的案例不少。比如有些史实研究发现，该律中规定的"凡现已设立与嗣后设立之公司，及局厂行号铺店等，均可向商铺注册，以享一体保护之利益"。注册后的公司，其应当利益会得到最大限度的保护。所以"颁行未久"，"已有华洋商人陆续到部呈请注册"。① 江苏无锡县的周新镇有裕昌缫丝厂，是周廷弼独资创办，在上海设有升昌五金煤号，同时在牛庄、镇江、苏州、温州等地都设有分号。周廷弼呈文恳请"将自营商业，呈请注册备案"，"一律保护"。② 《公司律》规定了有关公司设立等内容。其颁行后，开设公司者应报商部，予以保护。商部在审查后，一是要求地方官大力保护，二是让地方官依据《公司律》注册。如1904 年正月，商人林辂存等认为，福建地处温带，瓷土比其他地方更有优势，于是在金门创设制瓷窑厂，命名为"福建华宝制瓷有限公司"。准备筹集二千四百股，每股五十圆，聘请江西或外国的精巧名匠，进行生产。制定了章程，请求政府予以批准。商部接到闽浙总督请求文后，"立案准其开办"并希望督抚"即转饬该商，按照本部奏定《公司律》应行声明各项，报部注册，以便给照开办"。地方官应在"设厂处所实力保护"，所有"金门各山瓷土、盉药等项，即准该商采用"。③ 公司在制定招股章程时，也言明遵守《公司律》。比如1905 年，《信成储蓄银行招股章程》第一节表明："谨遵商部奏定《公司律》定为信成储蓄银行有限公司，一切均照有限公司定例办理"。在股份的来源上，第四节规定："遵守《公司律》，无论官商均可入股，惟此

---

① 《商务部议奏公司注册试办程折》，载《申报》1904 年 7 月 5 日。
② 《商部奏牍》，载《申报》1904 年 7 月 5 日。
③ 《闽省华宝公司制瓷禀牍》，载《申报》1904 年 5 月 27 日。

系中国有限公司，专集华股不收外股。"① 1905 年，浙江绅士筹筑本省铁路，根据《公司律》"公同集议，详晰厘订章程"，呈请商部立案。商部审查后认为，浙江全省铁路，关系交通，至为重要。"该省京外绅商和衷商榷，勉力自办"，实属顾全大局之举，"所订路章大致遵照臣部奏定公司律有限公司办法，于股东、董事、查账人、办事职员各项权限，分晰至为详审……自应准予立案。"②《公司律》规定了公司行为应遵守一定的程序，包括时间上的安排。如开股东大会，必须预先通知。在 1908 年中国图书公司一次特开股东大会，就提前在《申报》连续几天登载这个通知。内容如下：③

> 本公司查账员系朱葆三君佩珍、储星远君丙鹑。今因储君忽登告白，本公司虑各股东未知事实，不无疑眩。特定于六月二十八日午后一时开全体股东大会（会所在上海南门外陆家浜本公司新厂内）。凡我股东，老股请携带股票，新股请携带收据。届日准时到会，决议办法。欲向本公司查账者，请照《公司律》先期三日知照。
>
> 特此通告。
>
> 　　　　　　　　　　　　　　总理　张　謇
>
> 　　　　　　　　　　　　　　协理　李钟珏

商部在执行时能以《公司律》为准绳。比如河南候补县丞秦辉祖，与黄学士等集股创办了北洋烟草公司。在商部立案注册，所生产的龙球各牌纸烟比较畅销。黄学士却又具禀商部，拟在北京工艺局内添设纸烟厂，专制烟卷，呈请立案，请求批准。北洋烟草公司向商部陈述创办艰难，制造不易，请商部予以批准，并申请烟草专利。商部认为黄学士行为与《公司律》不合。④ 1905 年，在山东峄县成立了华德中兴有限公司并制定了章程。山东商务议员

---

① 《信成储蓄银行招股章程》，载《申报》1905 年 10 月 5 日。
② 《商部奏浙江绅士筹筑本省铁路公拟章程呈请立案折》，载《申报》1906 年 7 月 22 日。
③ 《中国图书公司特开股东大会》，载《申报》1908 年 7 月 2 日。
④ 《烟草请准专利》，载《申报》1905 年 4 月 26 日。

农工商务局总办向商部申请注册。商部根据《公司律》，"核准注册，发给收单、执照"。但在公司经营过程中，"牌号及股票式内"，都没有标明为"有限"字样。根据《公司律》第15条，"股份有限公司招牌及凡做贸易所出单票、图记，亦均须标明某某名号有限公司字样"。商部认为"于律令稍有不合"，要求改正。该公司一是将旧有的没有经标明"有限"字样的关防销毁，二是"刊换其总分厂牌号"，三是"股票息折"也立即改添"有限"二字。①
1906年，广东铁路公司发生了官府与绅商的冲突。绅商认为，官府触犯了商律；但同时指出，股东不能自己抛弃权利。铁路公司应依据《公司律》运作：股东会公举董事，设立董事局，再由董事局公举办事人，但铁路公司实际情形是没有董事局，却有办事人。所以，有论者在《申报》发文，敬告上海的一些股东：股东并未召集会议，何以有董事局？各股东不懂商律自己抛弃权利，不知早结团体，共谋公益。②

股东主张权利的方式，《公司律》并未进行具体的规定。从史料来看，一般是口头提出，或书面通知。但有些股东在通过这两种方式都未果的情况下，通过登报来告知。这反映了股东维护自己权利的决心，在一定程度上也说明《公司律》在股东心目中的地位。比如1907年恒裕机器锡箔有限公司创办，开始按照章程股份已经招齐。根据《公司律》第18条，应立即"定期招集各股东会议"，由"众股东公举一二人为查察人，查察股款是否招齐及公司各事是否妥协"，因此决定于1906年9月27日开股东会。恒裕机器锡箔有限公司一些股东以书信形式，要求创办人"将公司应有之簿据，一切即日检齐，以便届时查阅，并当酌录其要，俾可转咨各股东研究"。但"原信退转，邮局回执，批明因收信不认识发信人"，所以这些股东"再行登报"三天"通告"。此事，后来又以"簿据未齐为言"，推迟到9月29日，但总副董等仍避匿不见。这五位股东根据此前调查，确信恒裕机器锡箔有限公司

---

① 《咨明公司改换运单》，载《申报》1906年2月4日。
② 《敬告上海粤路股东诸君》，载《申报》1906年6月28日。

已违背《公司律》及章程，他们发动其他股东按照《公司律》第 19 条规定的解散办法，追回本息。①

另外，《公司律》的颁布也促使相关配套章程出台，包括《商部议派各省商务议员章程》。其中有些条文对注册公司的商人予以特别的支持和保护，"商人如有设立公司，无论何项由部批准注册后，札知商务议员，应任切实保护之责，仍遵照《公司律》办理"。

对《公司律》实施效果持否定态度的原因，大都认为该律的内容中有些条文存在实施性不强、有疏漏之处和不明晰之处等，而且因为移植性太强而不能很好地融入中国社会，因此无法真正得到有效施行。甚至有学者认为，"《公司律》所产生的作用恐怕连个小涟漪都算不上"（江眺，2005）。虽然这种说法有夸张之嫌，但仍反映了《公司律》远没有达到晚清政府和商人们的期望。对于这个结果，很多研究者归之为《公司律》的修订缺乏商人的参与，所以与当时的商事习惯不合，难以推行（任满军，2007，张忠民，2002）。当时的上海预备立宪工会也曾指出："政府颁布商事法令，每不与商人协议，致多拂逆商情之处。是非徒不足以资保护，而且转多窒碍。"②

在《公司律》颁布之前，虽然中国没有一部成文的商法典，但并不代表中国没有商事活动。传统中国小范围内的商业活动是很频繁的，所以各行各业逐渐形成自己的行规，不同地方也形成了具有地方特色的商业习惯。在古代中国社会，以家族为基础的法律调整机制的一个突出特点，便是风俗习惯在其中的重要地位，"这些在日常社会生活交往过程中形成的风俗习惯持续一定时期以后，逐渐地规定化、规范化和制度化，日益取得法权的意义"。所以，中国传统君主往往可以利用这些习惯规则来调整社会经济生活。明、清时期，尽管仍有重农抑商的政策，但商业还是获得了很大的发展，全国各地已形成了大小不同的商业市场，如河南朱仙镇、江西景德镇等。随着商事

---

① 《恒裕机器锡箔公司有股诸君鉴》，载《申报》1907 年 9 月 11 日。
② 天津市档案馆等编：《天津商会档案汇编（1903—1911）》，天津：天津人民出版社 1989 年版。

活动的频繁和商业中心的形成，商事习惯也逐渐成形。而《公司律》因为是遵循"注重世界最普通之法则""原本后出最精确之法理"的原则，通过向西方现代法律学习而来的法律法规，不懂商人普遍使用的商业习惯和相关知识，也没有邀请商人代表参加法律修订，因此移植性比较明显，对国内商情相对兼顾有限。

当然，值得指出的是《公司律》并非完全没有考虑特定的国内商情。据徐立志（1989）统计，公司律有28条的内容与中国的商事习惯有关。比如对"官利"制度的回应。官利制度在我国明清时期已非常普遍，即使外国公司进入中国也有"入乡随俗"派发官利的现象①，这源于国人对"债"的经验和了解远超过"股"（李玉，2003）。但官利给我国近代企业发展带来沉重的负担，严重影响企业的再投资再发展。因此《公司律》中要求的"无利不分红"其实就是对官利制度的回应。但这种强制性规定，因为与当时的商情实践相去甚远，不能解决企业融资难的问题，因此商人在衡量后仍会参照传统做法进行。还有如"公司律并不规定结算账册要予以公布，其所以如此，因为中国向来商账由管事把持，秘不外宣，以防他人探知本店底细。至公司出现后，往往账簿对本公司股东都要保密，更不用说公之于众了"（胡勃，2009）。再如《公司律》第30条关于"无论官办、商办或官商合办等各项公司及各局，均应一体遵守商部定例办理"，亦有把政府在企业中的权利限制在法律范围之内的意思。可见，某种程度上，《公司律》的内容兼顾有西法的框架和中国的国情，试图通过这些规定来提高中国投资者的信心，吸引更多的中国人投资到中国公司（苏基朗等，2013a）。

对于《公司律》的实践效果不尽如人意，除了之前提到的法律条文的超前性，晚清政府国家能力的欠缺也是很重要的原因。《公司律》的制定和实施主要由当时新成立的商部负责，但商部自成立时就因为权责不明而遭到其

---

① 例如英商怡和洋行代理的东海轮船公司就曾派发官利，见《申报》1872年10月30日。

他部门的排挤；而地方政府因为涉及自身利益，对中央政府的政策实行的是阳奉阴违的态度，因此公司律很难真正落实下去。

同时，晚清中央政府一方面缺乏实施新法的国家能力，另一方面自身不遵守法律，仍习惯性凌驾于法律之上，这种凌驾已经越过了公司法中国家强制的界限，直接体现为对法律的漠视和对权力的依赖。浙江铁路公司就是一个典型的例子。浙江铁路公司依律反对官方对其人事权的干涉，但官方回复称铁路公司不同于普通公司，"其性质与国家有特别之关系，即应受国家特别之监督"，"铁路公司不准援引商律"（施正康，1999）。广东粤汉铁路公司也遭遇到类似过程，在官方给予了商办地位后，又插手公司内部的人事选举，导致公司内部管理充满危机和腐败，且出现宗派斗争。公司存亡之际，政府作为公共管理角色，并非依法（即《公司律》）处理问题，而是直接修改公司章程，限制股东的权利，并在 1911 年将其国有化，引起了股东们极大的激愤和抗议。可见虽然《公司律》已经颁布实施，但政府并没有以其作为关系调节的行为准则，而是在法治与权力之间轮换选择最有力的工具。政府的做法不仅降低了法律的权威性，更从实际上架空了《公司律》。

《公司律》虽然在实践中受到"政府执行力"的干扰，但其社会意义和法制意义却是无可争议的。清末公司立法为当时公司的规范运作提供了法律保障，标志着中国近代公司经济开始走上了法治轨道（李艳鸿，2005）。如江西景德镇瓷器公司，在《公司律》颁布之前，投资商人担心会办成官商合办的形式，无据可依，导致公司筹建多年也未能成立。《公司律》颁布后，投资商人即禀请商部，按照《公司律》改归商办，公司很快就顺利注册开办。[①]

同时，《公司律》约束了各级官吏的行为，在一定程度上改善了官商关系，使以往"官尊商卑，上下隔阂，官视商为鱼肉，商畏官为虎狼"[②] 的官商关系得到缓和和改善。民办公司不仅得到法律保护，有些更能得到政府的

① 《商务官报》光绪三十三年第 8 期。
② 《东抚袁复奏条陈变法折》，载《皇朝经世文新编续集》卷 1。

支持。更重要的是，《公司律》以国家法律的形式肯定了工商业者的合法地位，为其工商业活动和权利提供保护。这是在向社会释放一种信号，政府改变了对工商业的态度，由之前的"农本商末"到"通商惠工"，由之前的"抑制"到现在的"鼓励"，商人也由之前的无所保护到现在的有法可依。

因此，在1904年颁布《公司律》之后，晚清的商办企业数量有了一定程度的增加（具体见图3-1），只是这种增加主要分布在口岸地区（下面将进行具体分析）。同时，《公司律》的颁布，为企业内的官商关系树立了一个新的准则，在一定程度上提高了商人的社会地位，调动了商人的积极性（张忠民，1996；李玉，2002）。

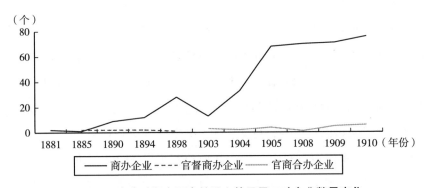

**图3-1 晚清时期主要省份设立的民用工矿企业数量变化**

资料来源：杜恂诚（1991）。

# 3.2 中国早期工业化的发展特点

## 3.2.1 中国早期工业化概览

晚清时期的经济发展呈现出典型的地区差异性。通商口岸地区最早开始工业化进程，继而辐射和渗透到相关周边地区，但大部分其他内陆地区的近代经济未发展起来，仍是以农业经济为主。通商口岸地区是联系国外市场和国内市场的窗口，也是晚清时期中国工业化发展的主要发生地；但即使是这样，口岸地区的 GNP 也从未超过中国整体的 10%（苏基朗，2013b）。可见晚清时期的工业化发展确实有限。

西方工业化浪潮通过通商口岸涌入中国，激起了中国经济内部对工业化的需求。第一次鸦片战争之后到甲午战争之前，是中国近代商业发展、工业进入洋务运动时期。国外廉价工业品大量输入，逐步冲击和瓦解中国农村的自然经济，并促进了国内市场的整合和扩大（刘拂丁，1999）。此时进口的商品已经不能满足其创造的市场需求，比如洋纱就出现了供不应求的局面。另外，大量的农民小生产者破产，不得不与生产条件分离，形成了工业化需要的可供劳动力市场。过去农民的生活必需品大都是自给自足，现在有部分不得不通过市场购买来获得。与此同时，随着国内市场与国际市场的接合，中国商品出口迅速增加，从而使得参与其中的劳动者报酬上涨，购买力增加。这几个方面为甲午之后近代中国开始民族工业化进程创造了初始条件。洋务运动则经历了轰轰烈烈的开始和悄无声息的没落，甲午战争的失败为洋务运动基本画上句号。甲午战争签订的《马关条约》，使得外国商人可以直接投资设厂以赚取丰厚利润，他们将工厂制度、公司制度及相关配套的经济制度引入中国，与之一起引进的，还有各行业的先进机器和技术。那些较早接受西方文化、开眼看世界的知识分子和有经营头脑的中国商人也看到了这些盈利机会。他们中有些人付诸行动，创办近代机器工厂，比如张謇创办的大生纱厂。由洋务运动开启的早期工业化进程，甲午战争之后在民营企业中得到传承和进一步推进。但这种推进的分布极不平衡，主要在口岸地区。因此虽然口岸地区的经济活跃，但因其数量有限、影响有限，对当时中国整体工业进展的推动作用是有限的、缓慢的。当时全国性的国民收入变动、产业结构变化和生产关系的变化可以来佐证这个判断。

　　首先，从国民收入方面来看，晚清经济在 19 世纪 80 年代之后有缓慢的发展（见表 3 - 2），国民总收入从 1887 年的 143.43 亿元增加到 1914 年的 187.64 元，人均国民收入从 1887 年的 38 元增加到 1914 年的 41.22 元。人均国民收入的增加几乎可以忽略，尤其是这种发展和其他国家比较起来，可以说是微不足道的（见图 3 - 2）。中国的名义工资在整个时期几乎没有多大变动，和欧洲一般工资水平相比更是低得多。

表 3 - 2　　　　　　　　　　　　　近代中国国民收入　　　　　　　　　1936 年币值：亿元

| 年份 | 农业 | 工矿交通 | 服务业 | 总计<br>（国民总收入） | 人均国民收入<br>（单位：1936 年币值，元） |
|---|---|---|---|---|---|
| 1887 年 | 99.87 | 14.49 | 29.07 | 143.43 | 38.0 |
| 1914 年 | 128.01 | 24.8 | 34.72 | 187.64 | 41.22 |

资料来源：刘佛丁（1999）。

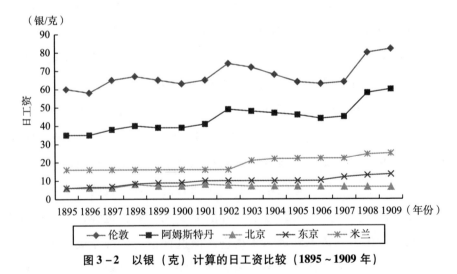

图 3 - 2　以银（克）计算的日工资比较（1895～1909 年）

资料来源：Allen et al. (2011)。

其次，从产业结构的变化来看，中国产业结构变动缓慢。1887 年我国农业产值占全部国民生产总值的 69.62%，发展到 1914 年农业占比为 68.22%，只下降了 1.4 个百分点；工矿交通的占比增长了 3.1 个百分点，而服务业虽然总量值有增加，但在国民生产总值的比重还下降了 1.7 个百分点（罗斯基，2009）。第二和第三产业加总的比重也只占到 31% 左右。可见产业结构变动甚微，中国仍然是典型的农业为主的国家。

从生产关系的变化来看，晚清工业化的过程中，包括有采用动力和机器的工厂生产，即通常所说的新式生产；还包括从生产力来说仍是手工和旧式的，但却雇佣了较多工人的工场手工业，这种方式被彭南生（2001 年）认为是"原始工业化"现象。这两种方式在一定时期内共存，构成了中国早期工业化进程中的二元模式。这种二元模式形成于大概 19 世纪末、20 世纪初的清末民初时期，在沿海地区以新式机器为代表的新式民族工业的竞争下，中国广袤内陆地区的传统手工业经历了不同的命运：有些在自然经济基础上的手工业，无力抵抗外国商品的竞争，日渐衰败，最终消亡；有些则发展成与民族机器工业相辅相成的模式。近代的棉纺织业就是一个典型：机器工业以"纺"为主，手工业以"织"为重。手工棉织业与自然经济状态下的手工业是完全不同的，前者与市场紧密相连，甚至还开拓域外市场。这种立足于传统组织模式、主要分布在农村、以市场为导向的工业被称为"原始工业化"。"原始工业化"和"早期工业化"在一定时期内共存，且相互之间既有竞争又有互补，这也是后发工业化国家在移植先进机器和技术后、嫁接并本土化的一个常有过程。

总而言之，近代中国，机器工厂等新式工业分布在大城市，尤其是通商口岸地区，而原始工业化则分布在靠近原材料或交通方便的农村地区，这种发展趋势和特点非常明显，也是以后中国发展出城乡二元模式的基础原因。即便如此，能发展出原始工业化的农村地区，也是非常有限的，基本分布在长江下游。而中国广阔的其他地区仍未包容进中国近代化的进程中。

在这种社会经济梯度发展背景下，1904 年《公司律》的颁布对经济的刺激作用似乎有限，因为其试图推广的公司制对于尚未进入近代化进程的广大内陆地区是陌生的，需求和供给是不匹配的，但对口岸地区的推动作用还是比较明显。比较 1905 年和 1903 年的新设民营工矿企业的分布，可以发现，新设企业的数量在 1904 年之后出现了质的变化、大量增加，而且几乎都是沿着口岸地区发生的。因此我们并不能简单地认为《公司律》实施无效，而是其促进作用主要集中在有限的口岸地区。

## 3.2.2　晚清时期口岸的近代化进程

前面是对近代中国早期工业化全景图的刻画。在这个似乎不太乐观的描绘中，基本可以看到晚清时期，中国近代化发展的三阶梯模式：因为不公平条约的制约，晚清的现代工业主要集中在小部分的口岸地区；集中的工业化城市带动周边的部分地区发展出原始工业化；其他广大地区则基本维持着传统的小农经济模式。可以说，口岸地区的近代工业发展如果在和平环境、没有外敌环伺，则可能成为点燃晚清工业化发展的星星之火，不过因其数量有限、发展受限，因此其带动和辐射力量仍然微弱，不足以冲破当时西方列强在政治、经济等方面的制约，成为晚清经济增长的引擎。

### 3.2.2.1　晚清时期口岸的近代工业化史实刻画

近代中国工业化的开端和早期发展，与口岸的开放是息息相关的。晚清鸦片战争之前，中国闭关锁国，经济落后，以自给自足的小农经济为主；虽然同时期的欧美国家已经在政治、经济等方面发生巨大变化，但因为信息封闭和文化的延续韧性，清王朝仍依赖着传统运行方式缓慢前进。鸦片战争之后，在西方列强的坚船利炮中，晚清不得已与各国列强签订一系列条约，开放口岸，中国的大门自此打开。这一系列口岸，数量从 1842 年的 5 个增加到

1917 年的 92 个（Feuerwerker，1983）。虽然和整个中华大地相比，它们的数量和面积都极其有限，但以这些口岸为窗口，西方的政治、经济、文化信息随之传入，冲击着古老中华的传统模式。

中国近代工业受半殖民地半封建社会条件的制约，地域分布特征鲜明，绝大部分都建立在通商口岸或者靠近通商口岸的地方。外资工业集中于通商口岸，除了利用租界的各项特权外，还因为上海等通商口岸作为中国最早的一批近代城市，提供了举办大工业所必需的现代金融、交通、动力等方面的条件。中国民间资本企业也呈现类似状况，因为中国本国的近代企业，主要不是在中国社会原有的手工业工场的基础上产生，而是直接从外国输入机器和技术开办的。集中在通商口岸或邻近地区，除了便于机器和技术的输入，还在于这些企业的很大部分，如缫丝、制茶等工厂实际上都是为了原料出口加工而创设，还有部分企业，如船舶修造和机器修理，则是附属各口岸的航运业需求而存在；另外，很多企业设立在通商口岸或是"租界"，是为了减轻封建守旧势力的阻挠和敲诈，谋求企业的发展。

典型的口岸是一种城市空间，通常毗邻或者就在大城市中间。最初主要由外国人居住，后来迁居的华人越来越多。条约带来的治外法权使得外国人无须遵守中国法律，而是遵从他们各自国家的法律。因为最惠国待遇条款，各个列强势力共享在华特权，因此口岸体系在发展的过程中，形成了制度上的高度一致性（Fairbank，1968）。首先聚集在这些口岸的，是为了商业利益而来的外国商人，他们最初主要从事贸易，到 19 世纪 90 年代后扩展到工业和金融业等领域。因为商业的繁荣及其相对稳定的政治和法律环境，有一部分口岸发展出了国际化、城市化和工业化的特点，并带动了以大量投资为特征的规模化工业市场经济的发展（苏基朗，2013b）。需要指出的是，即使同为口岸地区，也并非全都进入了工业化轨道，"有些口岸可能只是名录里一个名字而已"，并没有获得实际的经济拉动。总的来说，虽然口岸的设立、主权的让渡，对于近代中国是屈辱的一笔，但在客观上，部分口岸地区确实在步履蹒跚的近代中国版图上，星星点点地燃起了工业化的火苗。对近代中国新设民营工矿企业数量指标进行统计，可以得知其分布主要集中在部分通商口岸内。

相比中华大地上传统而稳定的小农经济，口岸在甲午战争之前已经发展出了较为发达的商业经济。这些商业首先由西方商人和他们的买办所掌握，后来渐渐出现华资利益。与此同时，口岸不仅富商显贵云集，也吸引了大量的贫苦劳工来此获得就业和赚钱机会。正如恩格斯在描述大机器工业出现为标志的新兴城市时发现的，"大工业企业需要许多工人在一个建筑物里面共同劳动，这些工人必须住在近处，甚至在不大的工厂近旁，他们也会形成一个完整的村镇。他们都有一定的需要，为了满足这些需要，还须有其他的人，于是手工业者、裁缝、鞋匠、面包师、泥瓦匠、木匠都搬到这里来了"。① 中国主要口岸城市的发展正是如此，随着工业的发展，周围乡村包括邻近各省的农村人口纷至沓来，城市人口迅速增加。这些城市的发展不同于传统城市的发展缘由。传统城市的规模和地位，主要是由其在中央集权统治格局中的地位决定的，政治功能成为左右中国古代城市兴衰的主要因素。而中国近代城市发展的格局突破了旧有模式，以对外贸易和工商业发展为主要依托，在中国的历史进程中发挥着越来越重要的作用。

19 世纪 90 年代后口岸获得了发展工业、直接进行产业投资的机会，纺织、面粉、香烟、火柴等轻工业部门的发展格外强劲。位居第一的是纺织部门，包括轧花、纺织、织染、缫丝、呢绒、织麻等产业；其次是面粉工业；重工业较少。在这个发展过程中，城乡手工业的分化组合也趋于明显，表现为兴衰存废并见的纷繁局面。比如近代手工棉纺织业，实际上包含两大部分，一部分是以"耕织结合"为主要特征的小农家庭手工棉纺织业；另一部分则是主要为市场生产的城乡手工棉纺织业。这两者在面对外国商品竞销时，受

---

① 恩格斯：《英国工人阶级状况》，载《马克思恩格斯全集》（第 2 卷），北京：人民出版社1957 年版，第 311 页。

到的冲击也不一样。非商品性小农家庭棉纺织业在大批廉价洋布洋纱输入的冲击下，逐渐没落，选择将原材料棉花作为商品投入市场，以换回洋纱织布或直接购买洋布穿用。而属于商品生产的城乡手工棉纺织业，不懂变通而趋于衰败，有些则通过变更原料来源或引进新机器和新技术，不仅能继续维持生产，还呈现出新的发展势头。而一些具有民族特色的手工业部门，比如丝织业、陶瓷业等，基本盛况不减。总的来说，外国商品输入对中国传统手工业的打击，主要是对农民家庭手工业而言，而不是之前就是商品生产的手工业。吴承明（1981）统计发现，在 32 个传统手工行业中，19 世纪中叶后衰落的有 7 个，继续维持的有 10 个，有较大发展并向机器业过渡的有 15 个，另外还有新兴的手工行业 11 个。

在墨菲（Murphey，1974）的研究中，他认为口岸通过前期发展出来的"集中型的商业结构"，"刺激了出口型商业的生产"，并且"见证了近代工业（如棉纺织业）的高速增长"。同时因为口岸轻工业的发展，带动了周边更大范围的乡村地区发展，此为口岸经济的溢出效应（Brandt，2000）。在这个溢出过程中，民族企业家在构建本土社会网络以及与农户建立商业联系方面贡献很大，为城市工厂的商业化生产提供了原材料和半成品材料。而民族企业家也在这个过程中获得了资本的原始积累和经验的累积，逐渐成长为推动近代中国早期工业化的中坚力量。此外，工业分布的不平衡，也影响中国工人阶级的分布。由于近代工业主要集中在少数沿海沿江的通商口岸，因此中国产业工人的分布也异常集中。虽然人数有限，但这种高度集中使得他们有相当坚强的组织性和团结力，也具有很大的先进性。

中国人投资新式企业的实践活动最早不是创办中国人自己的企业，而是"诡寄洋行"，"附股"于外商，投资于洋行等新式企业。最早在西方新式企业附股的是通商口岸的新式买办商人，他们附股于洋行有特定的历史条件。买办是随着新式资本主义对华经济贸易的不断深入而兴起的一个特殊社会阶层。买办在鸦片战争之前就已经产生，但成为新式商人则是鸦片战争之后的事情。鸦片战争前的买办是为外商服务的仆役头目，受到政府和公行的严格控制，地位较低，尚不具备经营中外贸易的经济职能。鸦片战争后，不平等条约的签订，行商制度的废除，买办开始适应洋行扩大贸易的要求和交易方式的变化，由仆役头目变成洋行的代理人。随着清政府对外开放的不断扩展，通商口岸不断增加，租界范围不断扩大，中外贸易持续增长，西方资本主义国家在中国的经济渗透活动不断扩展，这些都为新式买办商人阶层的发展创造了条件。到 19 世纪末，中国可能有 10000 个以上的买办，另外还有 10000 个以上的有过买办经历的人，可见买办阶层的队伍是不断扩大（郝延平，1988）。这个阶层在晚清时期，凭借外国洋行的特殊条件，运用各种手段，在较短的时间内就积累了巨额的财富，成为当时最富有的阶级。买办的财富来源主要包括代理买卖的佣金收入、自营营业的利润收入，周转资金的利息收入和商品货价的差额收入。其中自营商业的利润收入是买办商人的重要来源。据学者研究，甲午战争之前，买办商人的收入已达数亿两。黄逸峰（1985）认为，1840～1894 年之间的买办收入，"如果按进出口佣金、推销鸦片佣金、工厂买办收入、外债经手回佣、银行买办间盈利、轮船保险地产买办收入和军火买卖收入等项目，从低估计，约有四亿两"。郝延平（1988）估计，1842～1894 年间，买办的收入为 5.3 亿两。可见买办为其投资活动积累了大量的资本。徐润就是一个典型的例子，在 19 世纪 80 年代，将买办所得收入投资于工矿交通企业的资金已达白银一百二三十万两，他还经营房地产，拥有中外市房五千多间，共折合白银二百二十三万两，此外还置地三千余亩，附股钱庄、当铺及外商企业等。这些买办商人凭借其特殊的位置和作用，积累了巨额财富，将其中一部分投资于工商实业活动。买办商人投资新式企业的活动是从附股在华外资企业开始的。附股是指投资者将一定数量的合伙资本交由合伙发起人或主要投资人，附于主要出资人的资本中经营，但通常不参与具体的经营活动，只是按期分享经营利润。这种附股的经营习惯影响到近代。华商附股与新式近代工商企业的产生关系密切，对社会经济发展起到了一定的积极作用。买办并非完全的洋行附庸，同时作为独立商人在从事自己的商业活动，甚至投资新式工商企业，促成买办资本向民族工商业资本的转化。买办投资于新式工业企业，是随着洋务运动从军事工业转向民用工业，买办在众多商人裹足不前、畏缩退让时，敢于迎难而上，成为民用工业的最早投资者之一。买办资本向民族资本转换，成为外国资本的竞争对手，这是历史的进步。而且，在相对活跃和经济开放的通商口岸地区，中国商人正通过广泛的投资活动，开始接触到移植而来的近代西方企业制度，初步具有了投资意识、市场意识、风险意识等西方资本主义精神。有研究认为，近代西方公司制度进入中国后，通过怎样的途径影响中国人自身创办公司企业，这中间有一个过渡环节，就是外商公司和外商公司中的华人附股。外商公司及外商公司中的华人附股的间接和直接的影响和示范效应，对于国人以公司组织形式创办近代企业有直接的影响和刺激。早期外商公司的成功经营以及华人附股不仅让国人看到而且亲身感受到了西方公司制度的组织形式和经营方式，一定程度上训练和准备了日后由国人自身创办、经营公司的人员。通过附股外资企业，华商代表得以参加企业的创办和管理，从而了解和掌握公司制企业的生产方式和管理方式，催生了一批懂行的企业管理人才。买办商人通过附股，不仅积累了资本，而且学到了企业管理的实际知识，这为他们后来经营本国的民族企业打下了基础。比如唐廷枢投资外商新式企业的实践经历，对于他日后参与官督商办轮船招商局的企业经营管理活动奠定了重要的基础，同时这些附股活动积累的企业管理经验也是他得以入主招商局的重要原因之一。

所以，新式买办商人附股投资洋商企业，这是他们近代投资新式企业的起点。西方新式企业制度得以移植入中国，在很大程度上与他们的投资活动不断扩展有关。买办商人首先附股洋商企业，然后投资于政府主导的官督商办、官商合办企业，并创办私人自营企业，这种趋势的形成基础是其早期附股洋商企业的经历。他们最先接触到这种现代企业制度，并亲自感受到这种企业制度模式的优势，享受到了入股新式企业的经济好处，这样他们就会模仿借鉴洋行企业的经营方式，自行创办企业，建立中国人自己的新式企业。买办商人是近代中国新式工商业发展的媒介，并能提出许多关于新式企业组织经营管理的卓越见解。这些正是源于他们的独特经历。

虽然有学者指出，创办资金并不是企业制度创新的最大障碍，社会环境和国家法令政策才是阻碍中国公司出现的最大因素（张忠民，2002）。但华商附股本身就是在中国缺乏法律保障的情况下兴办新式企业的一项企业制度创新，有的研究者把它视为最早的中外合资公司。近代社会转型，从传统的农业宗法社会向现代工商社会过渡，即由封建的自然经济向资本主义的市场经济过渡，近代中国在西潮东卷的大背景下有了一定程度的发展，市场经济有了前所未有的广度和深度。构建新式企业也是近代市场经济的重要组成部分。

鸦片战争后，魏源等人开始注意到西方的机器大生产，提出兴建船厂和火器局的主张。洋务运动时期，发展新式工矿企业成为时人的共识。中国要"求富"，就必须兴办近代民用工业。市场经济是市场对资源配置起基础作用的资源配置方式，是人类为满足自身需要对有限资源进行合理配置的一种经济手段，市场经济是发达的商品经济。初期的商品经济不能算作市场经济，生产规模十分有限，交换范围十分狭小，在整个社会经济中不占据主要地位，是从属于自然经济并为之服务的。从传统经济到市场经济的演变过程不是一蹴而就的。晚清时期，中国的社会经济发生了重大变化，其最显著的特征就是从自然经济走向商品经济。其主要标志就是，在外国机械工业制品的冲击下，中国自给性的手工业开始向商品生产发展，使用机器的近代工业的产生和发展，表明中国的商品经济进一步向前发展。同时，近代中国工业的发展也促进了农产品商品化的发展。市场经济是一个复杂的系统，涉及企业、市场和政府的方方面面，是以自主企业制度和平等的经济关系为基础、拥有比较完善的市场体系和市场法规，是一种开放经济。

### 3.2.2.2　口岸经济发展的驱动力和盈利机会

无论通商口岸在甲午之前的商业发展还是甲午之后的工业发展，都与国际贸易息息相关。口岸的对外开放，给外贸的强劲发展创造了机会；同时外贸的繁荣又为口岸地区带来盈利机会，推动商业和工业的增长。鸦片战争前，中国资本主义萌芽仍处于低水平的徘徊状态，远未发展到普遍的工场手工业阶段，落后的手工业与近代工业在生产设备上没有近距离的"接力"关系（樊卫国，1994）。作为落后的农业国家，中国近代工业的物质前提和逻辑起点都只能是从国外引进先进的机器设备等近代化生产要素。口岸作为机器设备、紧缺原料等方面的国外供给平台，占有十分有利的地位。上海海关自1878 年开始有机器进口的统计，之后逐年增加，进口品类几乎覆盖了所有的近代化行业。口岸作为外国机械设备的供给基地，为近代工业的兴起创造了有利条件，而近代工业的发展又增加了对进口机械的需求，因此，口岸地区（尤其是上海）较早出现了一批使用机械生产的民族工业资本家。原料是另一个重要的生产资料。中国近代工业中份额最大的是轻纺工业，其原料的大宗是农产品。国内产量大半供当地之需，剩下转运到口岸的，常因"时局多故，交通梗塞，转运困难"①，因此不足部分用进口农产品代替。其他行业如卷烟原料、五金原料、化工原料、造纸原料等大多依靠进口，而且越是新兴工业，原料中间品越是依赖进口。因此"由于近代工业的大步跃进，生产资料、原料及其他有关商品的进口值均为增长"（郑友揆，1984）。

中国农业生产水平低下，经营方式落后，加上交通不便，其生产的农业原料在数量和质量上均不能满足中国近代工业发展的需求；此外厘金沉重，关税奇低，无法与国外的进口原料竞争。从比较优势的角度比较，使用进口原材料有利于降低成本提高质量增强竞争力，是符合市场价值规律的。口岸

---

① 《江苏实业志》，实业部国际贸易局，1933 年。

凭借其地理位置和进出口优势，掌握着一些必不可少的工业基本原料，且这些原料的来源是稳定的。口岸一方面便于得到国内的原材料，另一方面又便于得到进口原料，而且两者可以互相调剂余缺。因此，从某种意义上说，地处口岸就是一种重要的经济资源。

工业品由沿海通商口岸流向内地乡镇，农副产品由内地乡镇输往口岸，这种近代城乡商品交流的模式既是工业与农业的物质交换，也是进出口的相互吞吐。1870~1936 年无疑是近代中国外贸业发展的黄金时期（Deng，2012）。下表 3-3 展示了晚清时期外贸发展的强劲势头。不过虽然进出口贸易发展迅猛，但在中国总的 GDP 中占的比例却并不大，即使发展到 1936 年的最高峰期，也只占到 GDP 的 13%（刘拂丁等，1996）。因此虽然进出口贸易的发展成就了口岸经济，却不足以撼动中国的传统农业经济，也不能够带领中国经济进入新的现代运行轨道。

表 3-3　　　　　　　　　1861~1910 年近代中国关税增长

| 年份 | 实际价值（1839 年价格，海关两） | 指数 |
|---|---|---|
| 1861 | 4418096 | 100 |
| 1871 | 7041274 | 160 |
| 1881 | 9499765 | 216 |
| 1891 | 9080669 | 206 |
| 1901 | 6576030 | 149 |
| 1910 | 9435510 | 214 |

资料来源：Deng（2012）。

表 3-4　　　　　　　　　1866~1906 年近代中国进出口贸易表现

| 年份 | 出口值指数 | 出口量指数 | 进口值指数 | 进口量指数 |
|---|---|---|---|---|
| 1866 | 100 | 100 | 100 | 100 |
| 1876 | 160 | 134 | 105 | 147 |

| 年份 | 出口值指数 | 出口量指数 | 进口值指数 | 进口量指数 |
|------|-----------|-----------|-----------|-----------|
| 1886 | 153 | 170 | 126 | 144 |
| 1896 | 259 | 177 | 302 | 215 |
| 1906 | 467 | 203 | 611 | 386 |

资料来源：刘佛丁、王玉茹（1996）。

### 3.2.2.3 《公司律》颁布前后的口岸工业经济

口岸相对活跃的经济和近代工业发展，与当时其他仍局限于农业经济蹒跚步履的地区形成令人印象深刻的对比。在《公司律》颁布之前，口岸地区和非口岸地区二者在工业发展进度方面虽有差异，但并不那么显著，且一直保持了相对的稳定。但这种差异在《公司律》颁布之后有明显增大，口岸地区的工业经济更加活跃，发展更为迅速，而非口岸地区则基本保持原有的状态。以民营工矿企业的年新设数量为指标来度量经济活跃性，图 3-3 从数据对比角度展现《公司律》带来的变化。拟选取 1893～1910 年间贸易量最大的、具有代表性的 14 个口岸（厦门、广州、烟台、镇江、福州、汉口、宜昌、青岛、九江、宁波、上海、汕头、天津和芜湖）[①] 所在的省份作为口岸省组，其他的省份则成为非口岸省组，对比两组省份的差异在《公司律》颁布之前和之后的变化。图 3-3 可以看出，在颁布《公司律》之前，虽然二者在新设企业活跃度方面的一直存在差异，但这种差异并不是很大，且保持了相对的稳定性；主要缘于口岸地区的新设企业本身不多，因此差异变动的范围也有限。在《公司律》颁布之后，这种差异出现迅速增大，虽然非口岸省在 1904 年之后也有缓慢的进展，但很显然，口岸省受《公司律》的推动作用更为明显。

---

① 贸易量数据来自：Wolfgang et al.（2016）。

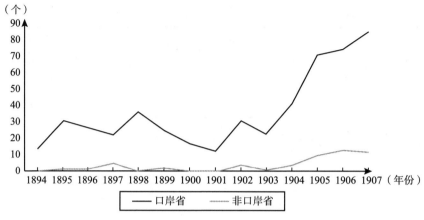

**图 3 - 3　口岸省和非口岸省的新设企业数量对比**

注：纳入统计的企业创办资本额均在 1 万元以上。
资料来源：杜恂诚（1991）。

### 3.2.2.4　口岸地区非正式规则的演变

鸦片战争后，中国一些城市根据不平等条约对外开埠通商，开启了在晚清大一统体制之外的制度演变过程。随着西方商人和西方商业模式进入条约口岸地区，中国的经济转型便从这些地方开始了。新的经济成分、新的市场、新的交易方式应运而生，这些新生事物的涌现，都需要市场秩序的稳定预期，于是，各种力量之间通过博弈、摩擦和融合，形成相应的非正式的规则、规范。人们的观念改变，行为受到这些非正式规则的约束和引导，经济活动在此基础上展开，并和非正式规则互相强化，引领着发展的方向。

通商口岸地区相比国内其他地方，在市场条件方面有更多的优越性，包括政治法律、社会文化、科学技术等方面。这些影响制约企业生产营销和商品市场发生发展的因素，构成了企业的生存环境。通商口岸的社会相对稳定。在动荡不安的近代中国，口岸地区相对稳定繁荣，是社会经济贸易生存发展的最基本前提。因此许多本应迁出或开设在原料产地的工厂，也都选择在口岸设厂。此外，口岸虽然远非法治社会，也缺乏严密的工商法规和贸易法律，但比动辄对工商业进行超经济强制和掠夺的封建专制政府和军阀统治的地方要略好些。"近今（1894）各处新设机厂已如林立，莫妙于官不预闻，一任商民自便"①。在当时能摆脱封建禁网的笼罩就是一种社会环境的改善。

与此同时，口岸地区还是中国科技最发达、西方科技输入最多的地区。各种科技书籍资料、报刊等大量发行，新科技动态信息往往首先在口岸，尤其是上海得到反映。口岸地区的科技人才也是全国最多的，各种管理人才、技术工人、大中专学生也远多于别地。

通商口岸地区这些在市场条件方面的优越性塑造了蓬勃发展的进出口贸易、现代运输、金融业及制造业，并由此衍生出了一系列的企业制度、市场制度、金融制度等，这些都是区别于传统制度的。这些自下而上形成的"商品交易惯例"逐渐沉淀成中外商人、各个行业和相关地区都认可和接受的"商人法"。这是西方商业惯例在中国具体的经济活动实践中本土化过程，这个过程并非政府指导或干预，而是根据市场需要自发形成。

公司制度作为一种西方经验被引进入中国，几乎是毫无阻力的。"洋务运动"开启了公司制在中国的试用，但局限于"官督商办"企业。这个运动开始于"中学为体，西学为用"的指导思想，结束于失败和挫折。整个期间，清政府并未正式承认公司制度或允许公司在民间自由设立。虽然公司设立一直未得到官方承认，但中国企业家对追寻利润的兴趣和积极性始终存在。相较于洋务运动后期中国商人对"官督商办"企业的冷淡，他们对附股西方企业一直较为积极。在 19 世纪 70 年代的通商口岸地区，大量中国商人的资本通过私人渠道进入西方企业，当时西方人开设的船运公司中有 70% 的资金来自中国商人。这些资金的活跃和涌入与 1875 年上海开始船舶注册制度有关，推进了中国人投资船运业（汪敬虞，1965）。此后，因为英国立法的变化，1865 年香港地区通过了"公司法"，确立了有限责任原则（Ejtel，

---

① 孙毓棠编：《中国近代工业史资料》（第一辑下册），北京：中华书局 1962 年版。

1983）。因此在沿海地区可以开始进行公司注册。而且，因为在19世纪60年代和70年代建立的许多公司都是与船运、保险和银行业务相关的，公司的发起人很快发现，在法律上没有注册是个有影响的问题，有限责任的保护对他们具有内在的吸引力。

除了以上提到的以西方商业惯例为示范的"商人习惯法"在条约口岸的形成，以及西方公司制作为一种非正式制度在口岸地区的风行，法律文化（legal culture）和广泛持股两个因素也为口岸地区的非正式规则环境的演变提供了基础支持。在中国沿海招股的西方公司在报纸上作的宣传、领事法庭或者香港法庭审判的新闻报道、股东周年会议和特别会议的记录等，都在潜移默化地推动通商口岸地区法律文化的形成。与此同时，广泛持股行为的普及使得股金筹措可以部分超越中间人之手，比如1880年上海机器织布局会办经元善在上海的报纸上为其工厂的创办广泛宣传、筹集资本，结果出现超额认购（张国辉，1979）。与此形成对比的是1862年琼记洋行（Augustine Heard）为其航运公司招股而大作广告，结果没能在上海筹到一点钱。由此可见，"近代企业的资本集腋只是到了80年代以后才开始突破商帮亲友的狭隘范围，扩大到以全国主要商业城市的商人作为争取对象"（张国辉，1979）。因此，尽管1883年上海股票市场崩溃，对合股公司和狂热的股民提出了警告，1890年中国第一个股票交易所仍在上海开张（洪葭管等，1989）。当然，虽然口岸地区确实有投资方式的转变，但因为这种方式的投资额可能只是中国可利用资本的极小一部分，因此并未撼动传统市场的机会。无论是条约口岸的中国商人，还是中国广大的非条约口岸地区，传统投资方式如房地产购买等，仍是其规避风险的主要选择或主要选择之一。

## 3.3 本章小结

本章主要围绕晚清《公司律》颁布的综合情况及同时代中国早期工业化

发展特点展开论述。17 ~ 18 世纪的公司制度代表了近代商业以扩张主义和追求利润最大化的规模经济主导的资本主义模式，但这种制度并没有在中国自然产生，因此晚清政府特颁布《公司律》以推动公司制在中国的运用和普及。《公司律》的内容中涵盖"有限责任""准则成立""公司治理结构"以及"股东平等"等当时比较先进的思想和理念，但也因为结构混乱、没有吸纳中国商情而被广为诟病，甚至被认为由此导致《公司律》影响微弱。即使如此，不能否认的是《公司律》的法制意义和社会意义，以及《公司律》颁布之后，可以作为工业发展表征之一的新设工矿企业数量确实出现了一个显著的增加。这些看似矛盾的结论为本书之后的理论分析和实证检验提供深入展开的线索和空间，也是本书研究的出发点。

晚清中国大部分地区仍是自给自足、以农业为主的经济，在这个基本特点之上，条约口岸地区因为被迫开放和西方企业及制度的入驻，最早开始现代工业化进程，并辐射和渗透到周边相关地区，只是口岸地区的 GNP 从未超过当时中国整体的 10%，可见晚清时期的工业发展确实有限，且分布不均匀。

# 第4章

# 公司法、口岸和中国早期
# 工业化指标的测度分析

　　本书第2章的理论分析认为，《公司律》虽然是在全国范围内实施，但鉴于这个舶来法律制度的思想相对超前于中国大部分地区，只有通商口岸因为西方商人和商业的较早进入，其非正规制度环境更兼容《公司律》，同时因为国际贸易带来的潜在盈利机会，因此相比非口岸地区，《公司律》的实施效率在口岸更高更显著。循着这个理论逻辑，本书将引入量化实证分析，以测算史实是否和理论相一致。本章主要对公司法、口岸和中国早期工业化指标进行测度分析，为下一章的计量实证做准备。具体而言，本章将首先对变量选取和数据来源进行说明；其次从地理分布和统计学特征对变量进行分析，并进行相关性检验。

# 4.1 变量选取与数据来源

## 4.1.1 被解释变量

近代中国早期工业化：由于历史数据可得性的限制，本书采用"民营工矿企业年新设数量"（简称为"年新设企业数量"）来进行衡量。新设企业在转型经济发展中起着特别重要的作用，因为"它们不仅直接促进了经济的发展，而且通过持续给老企业施压，也间接地刺激了经济的发展"（罗森堡等，2009）。这个数据是根据杜恂诚（1991）编著的《民族资本主义与旧中国政府（1840～1937)》中的信息，手动整理了 1894～1906 年新设民营工矿企业数量后得出的。之所以选取 1894 年，是因为在这之前，中国的民营企业成立和运营并未正式合法化，数量极有限。而 1894 年中日甲午战争之后，政府默许了中国本土民营企业的设立，民营企业开始快速发展（马德斌，2013）。之所以选择《公司律》颁布后的三年来观测实施效果，是因为如果观测时间过长，其中影响因变量的因素更多、更复杂，则难以判断是否影响主要来自核心自变量，或其中的交织影响，因此选择公司法颁布后三年是比较合适的时间长度。面板数据涵盖当时中国主要的 18 个省（包括直隶、江苏、安徽、浙江、江西、福建、河南、山东、山西、湖南、湖北、陕西、甘肃、四川、广东、广西、云南和贵州），分为省级数据和府级数据两类。

## 4.1.2 主要解释变量

《公司律》制度变量：本书将《公司律》制度变量设为虚拟变量，根据颁布时间来划分，1904 年之前为 0，1904 年及之后为 1。

条约口岸变量：本书根据严中平等（2012）编写《中国近代经济史统计资料选辑》，确定近代时期各个条约口岸开设的时间和地点。考虑到晚清被迫开放的通商口岸中，不同的口岸未必有相同的重要性，它们因贸易量的比例而存在着差距。有些口岸有名无实，只有经济较为活跃的口岸，才可能对公司法有需求。因此本书选取 1893 ~ 1910 年间贸易量最大的 14 个口岸（Wolfgang，2016）（具体包括厦门、广州、烟台、镇江、福州、汉口、宜昌、青岛、九江、宁波、上海、汕头、天津和芜湖）作为控制组，在模型中设定为 1，没有以上口岸的地区设为 0。在省级数据论证中，选取含有以上条约口岸的省份为口岸省，设定为 1，包括晚清时期的直隶、江苏、安徽、浙江、江西、福建、山东、湖北和广东；不含口岸的省，包括河南、山西、陕西、湖南、甘肃、四川、广西、云南和贵州，概称为内地省，设定为 0。

## 4.1.3　中介变量

正如前文介绍，制度在获取（或部分获取）有效实施的条件后，通过作用于盈利机会，才能实现其推动工业化进程的积极目标。具体对于《公司律》而言，这个正式法律制度的颁布，意在鼓励民众通过公司制筹集资金，发展实业，抓住国际和国内市场需求的盈利机会，在和外商竞争中"保利权"，推动本国工业发展，促进经济繁荣。晚清时期，旧的盈利机会大都被政府持有，新兴的国际贸易及带来的国际市场需求是政府尚未插手的经济领域，也是当时新工业聚集的领域。因此，本书以贸易进出口值来测度国际贸易的发展状况，作为盈利机会的代理变量，即《公司律》颁布后实现其有效性的中介变量。

本书根据杨端六等（1931）编写的《六十五年来中国国际贸易统计》，通过对每个通商口岸和所在府的匹配，手动整理了 1894 ~ 1906 年每年各府的进出口贸易值。考虑到邻近府如果没有设立通商口岸，也可能选择到相近的通商口岸来报关进行进出口，因此本书还匹配整理了各省级的进出口值进行估算。

### 4.1.4 调节变量

《公司律》实施有效的影响条件是通过政府的强制力和正式规则与非正式规则的兼容。晚清政府的社会控制力较弱，因此本书着重考虑《公司律》与当地非正式规则的可能兼容性。但非正式规则包括当地的价值观念、风俗习惯、文化传统、伦理道德等一系列的因素，因此具有复杂性和难以直接测度性。考虑到近代企业的发展受西方影响的紧密关联性，企业数量较多的地区，其非正式制度的演化应该朝着对西方制度更为接纳和兼容的方向发展，正如杜恂诚（2017）提到，"西方企业的进入、国际市场的开辟已经在实际生活中引入了许多西方的商业惯例"，"逐渐被大家认可的商品交易惯例就构成了中外商人和各个行业都接受的'商人法'"。因此本书采用"截至1904年（不含1904年）新设工矿企业数量总和"（简称为"截至1904年新设企业总和"）这个统计变量作为非正式规则演变的代理变量来进行测度。表4－1显示年新设工矿企业数（被解释变量）、口岸和1904年前新设企业总数三个变量之间显著的两两正相关关系。

表 4－1                                 相关性检验结果

| 项目 | 年新设企业数量 | 条约口岸 | 截至 1904 年新设企业总和 |
|---|---|---|---|
| 年新设企业数量 | 1.0000 | | |
| 条约口岸 | 0.4155 *** | 1.0000 | |
| 截至 1904 年新设企业总和 | 0.6936 *** | 0.5394 *** | 1.0000 |

注：本表使用府级数据来测度三个变量之间的相关性，检验的样本量为3406。表中的数据是皮尔逊相关系数。＊p＜0.1，＊＊p＜0.05，＊＊＊p＜0.01。

### 4.1.5 控制变量

控制变量包括三类：第一类包括 1880 年各府（省）人口数和面积；第二类是地理特征，主要关注是否沿海；第三类变量是城市化特征变量，通过 1893 年城市人口占比以及各府（省）大型城市（人口数量在 10 万及以上）的个数来表征清末各府（省）的城市化情况。

# 4.2 描述性统计与相关性分析

### 4.2.1 描述性统计

本书主要变量的描述性统计结果如表 4-2 所示。

表 4-2　　　　　　　　　变量的描述性统计与来源

| 变量 | 变量描述 | 样本量 | 均值 | 标准差 | 来源 |
|------|----------|--------|------|--------|------|
| 因变量 | 年新设工矿企业数量 | 3406 | 0.1365 | 0.7578 | A |
| 核心自变量 | 口岸（虚拟） | 3406 | 0.0534 | 0.2249 | B |
| 控制变量 | 人口数 | 3406 | 131.5324 | 125.2479 | C |
| | 面积 | 3406 | 15431.34 | 17811.88 | C |
| | 是否沿海（虚拟） | 3406 | 0.1374 | 0.3443 | D |
| | 城市人口占比 | 3406 | 6.8543 | 2.7820 | C |
| | 大型城市个数 | 3406 | 0.2634 | 0.6621 | E |

续表

| 变量 | 变量描述 | 样本量 | 均值 | 标准差 | 来源 |
|------|---------|-------|------|-------|------|
| 工具变量 | 常关 | 3406 | 0.1301 | 0.3364 | F |
| 其他事件 | 科举配额 | 3406 | 98.532 | 61.5592 | G |
| 盈利机会 | 进出口贸易值 | 3406 | 1585.842 | 16376.1 | H |
| 机制检验 | 截至 1904 年新设企业总和 | 3406 | 0.9618 | 4.2967 | A |
| 人力资本 | 1904 年之前 人均教会学校学生数 | 234 | 1.4273 | 3.8953 | J |
| | 1904 年之前 人均教会学校和书院数 | 234 | 1.7779 | 6.7335 | J, K |

资料来源：A　杜恂诚（1991）；B　严中平等编（2012）；C　曹树基（2001）；D　CHGIS（2007）；E　中华续行委办会调查特委会（2007）；F　滨下武志（2008）；G　（清）素尔讷等撰修，陈文新主编（2009）；H　杨端六、侯厚培等（1931）；J　苏云峰（2007）；K　邓洪波（2004）；L　尹梦霞、李强（2012）。

## 4.2.2　相关性分析

在描述性统计的基础上，本书进一步对主要变量进行相关性分析。分析结果如表 4 - 3 所示。由表 4 - 3 中 A 部分的分析结果可知，《公司律》的颁布和条约口岸性质对年新设工矿企业数量确实都有显著的正向影响，即《公司律》颁布后，年新设工矿企业的总数量确实有增加，口岸地区的年新设工矿企业数量比非口岸地区的数量要多。由 B 部分可知，《公司律》颁布与口岸的交互项对年新设工矿企业数量有显著的正向影响，即《公司律》的颁布对口岸地区的年新设工矿企业数量增长有显著增强作用。由 C 部分的结果可知，口岸地区和非口岸地区的《公司律》颁布与因变量年新设企业数量之间的相关性差异很大，口岸地区的《公司律》颁布与年新设工矿企业的相关性相对较强。

表 4 - 3　　　　　　　　　　　主要变量的相关性分析

| A 部分 | 年新设工矿企业数量 | 《公司律》颁布 | 是否为条约口岸 | 是否沿海 | 1880 年人口数 | 城市人口比例 | 面积 | 大城市数量 |
|---|---|---|---|---|---|---|---|---|
| 年新设工矿企业数量 | 1.0000 | | | | | | | |
| 《公司律》颁布 | 0.0972 *** | 1.0000 | | | | | | |
| 是否为条约口岸 | 0.4155 *** | 0.0000 | 1.0000 | | | | | |
| 是否沿海 | 0.2241 *** | 0.0000 | 0.3981 *** | 1.0000 | | | | |
| 1880 年人口数 | 0.2443 *** | − 0.0001 | 0.2489 *** | 0.4020 *** | 1.0000 | | | |
| 城市人口比例 | 0.2043 *** | − 0.0002 | 0.1210 *** | 0.3162 *** | 0.0962 *** | 1.0000 | | |
| 面积 | − 0.0223 | − 0.0003 | − 0.0294 * | − 0.0353 ** | 0.0970 *** | 0.3047 *** | 1.0000 | |
| 大城市数量 | 0.4592 *** | − 0.0000 | 0.4182 *** | 0.2934 *** | 0.5674 *** | 0.2086 *** | 0.0515 *** | 1.0000 |

| B 部分 | 年新设工矿企业数量 | 《公司律》颁布 × 口岸 |
|---|---|---|
| 年新设工矿企业数量 | 1.0000 | |
| 《公司律》颁布 × 口岸 | 0.3872 *** | 1.0000 |

| C 部分 | 年新设工矿企业数量（口岸地区） | 年新设工矿企业数量（非口岸地区） |
|---|---|---|
| 《公司律》颁布（口岸地区） | 0.2888 *** | |
| 《公司律》颁布（非口岸地区） | | 0.0945 *** |

注：本表使用府级数据来度量主要变量之间的相关性，检验的样本量为 3406。表中的数据是皮尔逊相关系数。* p < 0.1，** p < 0.05，*** p < 0.01。

## 4.3　主要变量随时间变化趋势和地理分布特点

本部分将对相关变量在《公司律》颁布前后的变化及在地理分布上的特点进行具体说明，直观地展示口岸地区和非口岸地区的新设工矿企业数量差异在《公司律》颁布前后的变化。

从统计数据上看，在 1904 年颁布《公司律》之后，晚清的商办工矿企业数量虽然没有呈现所谓遍地开花的"井喷"态势，还是有明显增加。从图 4 - 1 中可以看出，1904 年《公司律》颁布后，民营商办企业的数量出现了较大幅度的增加，相比之下，官商合办和官督商办企业则进入没落状态。

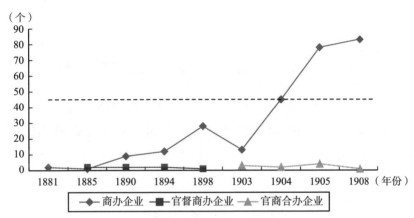

**图 4 - 1　晚清时期各年新设立的民用工矿企业数量变化**

资料来源：杜恂诚（1991）。

图 4 - 2 是对府级年均新设工矿企业数量进行整理后，展现的口岸地区和非口岸地区在 1904 年《公司律》颁布之后的差距变化。《公司律》颁布之前，口岸和非口岸地区之间的差异相对较小且稳定，但 1904 年之后有明显增大的趋势，图 4 - 2 从府级数据说明《公司律》的颁布对口岸地区工业化的推动作用应该比非口岸地区更为显著。省级数据比较可见图 3 - 6。

《公司律》颁布之前，民营工矿企业零星分布在沿海和沿江地区，大部分集中在上海等地，其他城市数量有限。通过 1903 年和 1905 年的新设工矿企业分布比较，可以发现，《公司律》颁布后，新设民营企业的发展趋势和口岸的分布非常一致，口岸地区的年新设工矿企业数量增加非常明显，说明《公司律》很可能在口岸地区产生了有效的推动作用。

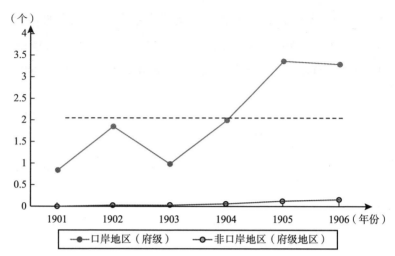

**图 4 - 2　1901~1906 年口岸府和非口岸府平均年新设工矿企业数量对比**

资料来源：杜恂诚（1991）。

# 4.4　本章小结

　　本章主要对表征《公司律》、口岸分布及中国早期工业化特征的相关指标进行测度，为下一章的计量实证做准备。本章首先对变量的选取和数据来源进行详细说明，变量主要包括被解释变量（本书用年新设工矿企业数量表征工业化进程）、主要解释变量（包括《公司律》颁布与否的虚拟变量和条约口岸虚拟变量）、控制变量以及机制变量。同时，本章对这些变量进行了描述性统计估算和相关性分析，表明被解释变量与主要解释变量之间确实存在较强的相关性。之后，本章对主要变量随时间变化趋势和地理分布特点进行统计分析，发现《公司律》颁布之后，民营工矿企业的数量确实出现了较大幅度的增加，而且这种增加主要分布在口岸地区。

# 第 5 章

# 《公司律》对中国早期工业化
# 影响的实证检验

## 5.1 基准模型设定

首先，为了估计《公司律》在 1904 年颁布后，是否在不同的地区会对当地的工业化进程产生不同的推动作用，以截至 1904 年各府是否有口岸为区分变量，利用其与《公司律》变量的交叉项来观察不同地区《公司律》的推动作用强度差异，因此构建了如下的基准回归模型（5-1）进行测算：

$$Y_{p,t} = \alpha + \delta X_p \times post_t + \sum_{1894}^{1906} \theta_t Z_p V_t + I_p$$
$$+ V_t + \zeta_t + \varepsilon_{p,t} \qquad (5-1)$$

模型（5-1）是双向固定效应模型，其中 $p$ 代表地区，即晚清时期的府，$t$ 代表时间，以年为单位。$Y_{p,t}$ 代表了各府的年新设企业数量。$post_t$ 是《公司律》颁布的虚拟变量：1904 年之前为 0，1904 年（含）之后为 1。$X_p$ 为口岸的虚拟变量，1904 年之前已经设置了条约口岸的府为 1，没有设置的为 0。$Z_p$ 为府级控制变量向量，涵盖了 262 个府级地区，包括第一类基本特征，1880 年各府的人口数和面积，第二类是地理特征，主要关注是否沿海，第三类变量是城市化特征变量，包括 1893 年城市人口占比以及各府大型城市（人口数量在 10 万及以上）数量。$I_p$、$V_t$ 和 $\zeta_t$ 分别为地区固定效应、时间固定效应和时间趋势，$\varepsilon_{p,t}$ 是随机扰动项。

因为在第 4.1 节和第 4.2 节已经对被解释变量和主要解释变量的选取和数据来源做了详细说明，此处不再赘述。在具体回归分析中，将对解释变量和被解释变量进行对数化处理，以消除数据中存在的异方差问题及量纲上的差异，但当解释变量为虚拟变量时不取对数（伍德里奇，2015）。模型（5-1）的估算结果见表 5-1。

表 5-1 　　　　　《公司律》颁布对早期工业化影响的估算结果

| 项目 | $Y$（年新设企业数量）（log） | | | | |
|---|---|---|---|---|---|
| | （1） | （2） | （3） | （4） | （%） |
| 《公司律》颁布 $post_t$ | 0.0465 (0.2159) | 0.0197 (0.2156) | -0.1209 (0.2481) | -0.2263 (0.2856) | -0.0372 (0.2552) |
| 口岸 $\times post_t$ | | 0.5010 *** (0.0826) | 0.4578 *** (0.0842) | 0.4579 *** (0.0981) | 0.3469 *** (0.1109) |
| 各府人口总数 | | | 0.0443 *** (0.0142) | 0.0431 *** (0.0122) | 0.0191 *** (0.0069) |
| 各府面积 | | | -0.0056 (0.0110) | -0.0010 (0.0122) | -0.0075 (0.0109) |

续表

| 项目 | Y（年新设企业数量）（log） | | | | |
|---|---|---|---|---|---|
| | （1） | （2） | （3） | （4） | （%） |
| 是否沿海 | | | | -0.0094 (0.0622) | -0.0114 (0.0596) |
| 城市人口占比 | | | | 0.0365 (0.0280) | 0.0092 (0.0250) |
| 大型城市数量 | | | | | 0.2202*** (0.0720) |
| 地区固定效应 | 有 | 有 | 有 | 有 | 有 |
| 年份固定效应 | 有 | 有 | 有 | 有 | 有 |
| 时间趋势效应 | 有 | 有 | 有 | 有 | 有 |
| 样本量 | 3406 | 3406 | 3406 | 3406 | 3406 |
| $R^2$ | 0.0158 | 0.1566 | 0.1706 | 0.1748 | 0.2091 |

注：括号内为稳健标准误。* $p<0.1$，** $P<0.05$，*** $p<0.01$。

此外，在模型（5-1）的基础上，为了对口岸地区和非口岸地区《公司律》的实施效率进行具体观察，特建立以下模型（5-2）对两个地区分别进行检验。

$$Y_{p,t} = \alpha + \beta post_t + \sum_{1894}^{1906} \theta_t Z_p V_t + I_p + V_t + \zeta_t + \varepsilon_{p,t} \qquad (5-2)$$

模型（5-2）是对作为《公司律》虚拟变量的 $post_t$ 与年新设企业数量的 $Y_{p,t}$ 之间关系进行估算的双向固定效应模型，模型中各个变量的含义同模型（5-1）。模型（5-2）将对口岸地区和非口岸地区的《公司律》与工业化进展之间关系分别进行测算，以观察估算结果是否和模型（5-1）的相一致。具体测算结果见表5-2。

**表 5 - 2**　　　　分区域检验《公司律》对工业化影响的估算结果

| 项目 | Y（年新设企业数量）（log） | | | |
|---|---|---|---|---|
| | （1）口岸地区 | （2）口岸地区 | （1）非口岸地区 | （2）非口岸地区 |
| 《公司律》颁布 $post_t$ | 0.7204 ***<br>（0.2161） | 0.9049 **<br>（0.3468） | 0.0065<br>（0.0244） | 0.0110<br>（0.0276） |
| 各府人口数 | 0.0003<br>（0.0004） | 0.0034 **<br>（0.0012） | 0.0005 **<br>（0.0002） | 0.0002<br>（0.0002） |
| 控制变量 | 否 | 是 | 否 | 是 |
| 地区固定效应 | 是 | 是 | 是 | 是 |
| 年份固定效应 | 是 | 是 | 是 | 是 |
| 趋势效应 | 是 | 是 | 是 | 是 |
| 样本量 | 182 | 182 | 3224 | 3224 |
| $R^2$ | 0.1650 | 0.2057 | 0.0651 | 0.1128 |

注：括号内为稳健标准误。控制变量包括是否沿海、府级面积、城市人口比例以及大型城市数量。* $p<0.1$，** $p<0.05$，*** $p<0.01$。

## 5.2　基准回归结果

表 5 - 1 汇报了模型（5 - 1）的估算结果。表 5 - 1 的结果表明，从全国范围内测度《公司律》的实施效果，其对早期工业化的促进作用并不显著，这与已有的对《公司律》的研究结论是相一致的。但口岸与《公司律》的交互项呈现出稳定的显著正向作用，通过逐步回归，在加入控制变量、控制时间和地区效应以及时间趋势效应后，口岸与《公司律》颁布的交互项呈现稳定的在 1% 水平上的显著，说明《公司律》在口岸地区对工业化发展有显著促进作用。

图 5–1 展示了《公司律》在口岸和非口岸地区对工业化发展的动态影响。横向实线连接各年口岸地区和非口岸地区新设企业数量差异的估计值，纵向实线表明 95% 的置信区间。由图 5–1 可知，口岸与《公司律》的交互项系数在公司法颁布前并不显著异于 0（95% 的置信区间包含 0），这说明在《公司律》颁布之前，口岸和非口岸地区之间在新设企业数量方面的差异并不显著。《公司律》颁布当年，交互项系数虽仍不显著，但已开始偏离 0 值，说明《公司律》在颁布当年虽然没有产生显著作用，但口岸和非口岸地区的差距已经有拉大的趋势；颁布之后，交互项系数在 95% 的置信区间显著异于 0，说明《公司律》在口岸地区和非口岸地区的影响差异性已经非常显著。

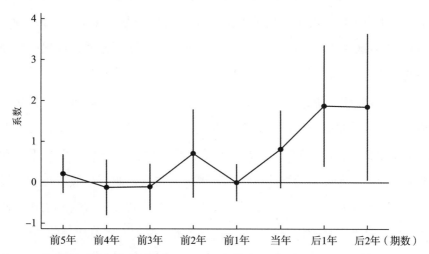

**图 5–1 口岸地区和非口岸地区新设公司数量差异在《公司律》颁布前后的动态变化**

表 5–2 是模型（5–2）分别对口岸地区和非口岸地区的《公司律》与工业化进展进行估算的结果。由结果可知，口岸地区的《公司律》颁布后，对当地工业化进展有显著的正向作用，而非口岸地区则这种推动作用不明显。表 5–2 的估算结果和表 5–1 的估算结果是一致的，即口岸地区和非口岸地区的《公司律》实施效率有明显差异，口岸地区《公司律》颁布后，促进工

业进展的积极作用更显著。

# 5.3 稳健性检验

## 5.3.1 工具变量检验

根据前文的基准模型估计，可知近代公司法的实施效果，口岸比非口岸地区更为显著。考虑到西方列强在选择口岸时并非完全随机，那些具有市场功能、在历史上形成的中国贸易通道更大可能被选为开放口岸（滨下武志，2008），因此这些地区，即使没有《公司律》的推进，也可能累积产生经济发展的加速度，这种可能的反向因果效应将导致模型估计结果的非一致性。

为了处理口岸的内生性问题，本书借鉴贾瑞雪（Jia, 2014）的做法，利用清前期的常关数据作为口岸的工具变量。通商口岸大部分设立在有常关的地方（滨下武志，2008）。这些常关在成为口岸之前与非常关地区不存在显著差异，而那些非口岸的常关在口岸开埠之后与其他非口岸城市也没有显著差异，因此是比较合适的工具变量。另外常关的分布并不影响清末新企业的设立，因此这个变量既符合工具变量的相关性，又符合工具变量的外生性。

表5-3报告了工具变量法的回归结果。第一阶段估计结果表明，常关与公司法交互项对口岸与公司法交互项有显著的正向影响；第二阶段的测量结果表明，公司法与口岸交互项的估计参数是稳健的。此外，Kleibergen-Paap rk LM 值在1%水平显著，检验拒绝了工具变量与内生变量不相关的原假设，即模型是可以识别的。而模型中的 Kleibergen-Paap rk Wald F 值高于10%水平的 Stock-Yogo 临界值（16.38），表明存在弱工具变量问题的可能性较小。最小特征值统计量 F 在1%水平显著，且大于10，可以拒绝"存在弱工具变

量"的原假设。综上所述，即使考虑了口岸变量潜在的内生性问题，本书的核心结论依然稳健。

表 5 - 3 工具变量的回归结果

| | 第一阶段 | 第二阶段 |
|---|---|---|
| 常关 × post | 0.8506 ***<br>(0.1899) | |
| 口岸 × post | | 4.7509 ***<br>(1.2706) |
| 第一阶段 F 值 | 17.2896 *** | |
| 控制变量 | 是 | 是 |
| 省份固定效应 | 是 | 是 |
| 年份固定效应 | 是 | 是 |
| 时间趋势 | 是 | 是 |
| 观测值 | 3406 | 3406 |
| $R^2$ | 0.3382 | 0.0938 |
| Kleibergen-Paap rk Wald F 统计量 | 17.290 | |
| Kleibergen-Paap rk LM 统计量 | | 15.700 *** |

注：括号内为稳健标准误；控制变量包括是否沿海、1880 年府级人口总数、面积、城市人口比例以及大型城市数量。* $p<0.1$，** $p<0.05$，*** $p<0.01$。

## 5.3.2 省级数据检验

尽管口岸地区从未在整个国家的 GNP 中占比超过 10%，但资料显示其发展速度确实要稍微快于中国其他地区。不仅如此，口岸的发展通过辐射效应带动了周边地区的经济发展。比如陈计尧（2013）的研究就显示，"上海这样的口岸出现的公司法和资本市场，将农业生产和大众消费的城市市场联系起来……表明口岸经济能够突破口岸的边界，与乡村地区达到经济一体化"。

口岸的发展逐渐形成了"口岸－腹地"的发展模式（徐永志，2000；滨下武志，2003；吴松弟，2004；樊如森，2004；苏基朗，2013；朱英，2016）。因此，如果《公司律》促进了口岸的早期工业化进程，这种促进作用极有可能会辐射到周边的城市和乡村。因此本书在前面府级数据检验的基础上，采用省级数据进行估算，以检验《公司律》推动口岸地区工业化结论的稳健性。

考虑到晚清被迫开放的通商口岸中，有些口岸有名无实，只有经济较为活跃的口岸，辐射效应才更为明显，能形成"口岸－腹地"经济模式。因此本书选取 1893～1910 年间贸易量最大的 14 个口岸（Wolfgang，2016）（具体包括厦门、广州、烟台、镇江、福州、汉口、宜昌、青岛、九江、宁波、上海、汕头、天津和芜湖）所在的省份为口岸省，包括晚清时期的直隶、江苏、安徽、浙江、江西、福建、山东、湖北和广东，其他的省份则为内地组，包括河南、山西、陕西、湖南、甘肃、四川、广西、云南和贵州，对两组不同省份的公司法实施效率进行比较。实证模型将选取 1894～1906 年之间的数据进行分析。模型涵盖全国主要的 18 个省（具体为上面罗列的省份），主要针对口岸、公司法和新设工矿企业三个核心变量的变化，构建如下固定效应面板模型。具体模型如下：

$$Y_{p,t} = \alpha + \delta X_p \times post_t + \sum_{1894}^{1906} \theta_t Z_p V_t + I_p + V_t + \zeta_t + \varepsilon_{p,t} \qquad (5-3)$$

模型（5-3）和模型（5-1）在形式上是一致的，都是双向固定效应模型，区别在于其中 $p$ 代表晚清时期的省（province）。其他则基本相同，$t$ 代表时间，以年为单位。$post_t$ 是《公司律》颁布的虚拟变量：1904 年之前为 0，1904 年（含）之后为 1。$X_p$ 为口岸的虚拟变量，1904 年之前已经设置了条约口岸的省为 1，没有设置的为 0。$Z_p$ 为省级控制变量向量，涵盖了 18 个省级地区，包括第一类，各省的人口数和面积，第二类是地理特征，主要关注是否沿海，第三类变量是城市化特征变量，包括 1893 年城市人口占比以及各省大型城市（人口数量在 10 万及以上）个数。$I_p$、$V_t$ 和 $\zeta_t$ 分别为地区固定效应、时间固定效应和时间趋势，$\varepsilon_{p,t}$ 是随机扰动项。

对模型（5-3）数据进行测算，估算结果如表5-4所示。由测算结果可知，在控制省级固定效应、时间固定效应和时间趋势后，《公司律》在全国范围内的实施效果也并不显著，但其和口岸省交互项的显著性仍然很稳定，说明《公司律》实施效率在口岸省和非口岸省的差异性显著，口岸省的实施效果要好于非口岸省。

**表5-4　《公司律》与新设工矿企业数量（1894~1906年）：省级数据检验**

| | Y（年新设工矿企业数量）（log） | | |
|---|---|---|---|
| | （1） | （2） | （3） |
| 《公司律》颁布 $post_t$ | 0.6577 (1.6567) | -0.1098 (1.7056) | -7.9816** (3.0529) |
| 口岸 $\times post_t$ | 0.5116** (0.2000) | 0.3857* (0.2197) | 0.7436*** (0.1733) |
| 省级人口数量 | | 0.1161* (0.0600) | 0.1779*** (0.0308) |
| 控制变量 | 否 | 否 | 是 |
| 地区固定效应 | 是 | 是 | 是 |
| 年份固定效应 | 是 | 是 | 是 |
| 时间趋势 | 是 | 是 | 是 |
| 样本量 | 234 | 234 | 234 |
| $R^2$ | 0.2463 | 0.2613 | 0.2501 |

注：括号内为稳健标准误；控制变量包括是否沿海、各省面积、城市人口占比以及大型城市数量。* $p<0.1$，** $p<0.05$，*** $p<0.01$。

### 5.3.3　分地区检验

考虑到口岸主要分布在沿海和沿江地区，近代新设工矿企业也主要分布在中部和东部地区，西部地区对检验结果贡献很小，为了进一步增强控制组和实验组的可比性，验证基准回归结果的稳健性，本书剔除西部地区，采用中部和东部地区作为样本进行再检验，论证《公司律》对中国工业化发展的推动作用是否在口岸地区更为显著，估算结果见表 5 - 5。由估算结果可知，无论是分别把东部和中部作为样本，还是把中部与东部的整体作为样本，口岸与《公司律》实施的交互项都一直是显著为正。

表 5 - 5    《公司律》与新设工矿企业数量（1894 ~ 1906 年）：分地区检验

| | $Y$（年新设工矿企业数量）（log） | | |
|---|---|---|---|
| | （1）东部 | （2）中部 | （3）中部 + 东部 |
| 口岸 × $post_t$ | 0.3522 *** <br> (0.1265) | 0.4263 * <br> (0.2189) | 0.3747 *** <br> (0.1137) |
| （府级）人口数量 | 0.0567 ** <br> (0.0225) | 0.0326 <br> (0.0283) | 0.0299 ** <br> (0.0149) |
| 控制变量 | 是 | 是 | 是 |
| 地区固定效应 | 是 | 是 | 是 |
| 年份固定效应 | 是 | 是 | 是 |
| 时间趋势 | 是 | 是 | 是 |
| 样本量 | 1001 | 1092 | 2093 |
| $R^2$ | 0.1832 | 0.2410 | 0.1989 |

注：括号内为稳健标准误；控制变量包括是否沿海、1880 年各府面积、城市人口占比以及大型城市数量。* $p<0.1$，** $p<0.05$，*** $p<0.01$。

## 5.3.4  安慰剂检验

为了检验如果以其他时间点为考察点，是否口岸地区和非口岸地区工业化差距仍会产生较大变化，本书在《公司律》实施年份（1904 年）之外选

取一个时间作为伪时间点进行安慰剂对照测试，以安慰剂代替《公司律》的
实际发生时间，若没有观测到新设企业数量在口岸地区显著区别于非口岸地
区的变化，则说明基准检验结果是稳健的。为了使安慰剂检验的结果更具有
说服力，本书分别选取 1902 年、1900 年、1898 年三个时间点为伪时间点
（placebo）进行估算。估算结果如表 5 - 6 所示，三个伪时间点与口岸交互项
的回归系数均不显著，且系数较基准回归结果有大幅降低，说明本书基准模
型回归结果是稳健的。

**表 5 - 6**　　　　　　　　　　**安慰剂检验结果（府级数据）**

| | Y（年新设工矿企业数量）（log） | | |
| --- | --- | --- | --- |
| | （1） placebo = 1902 | （2） placebo = 1900 | （3） placebo = 1898 |
| 口岸 × placebo | 0.0665<br>（0.0864） | - 0.0009<br>（0.0873） | 0.1161<br>（0.0878） |
| 口岸 × post$_{t = 1904}$ | 0.3733 ***<br>（0.0738） | 0.4687 ***<br>（0.0631） | 0.4097 ***<br>（0.1007） |
| 控制变量 | 是 | 是 | 是 |
| 地区固定效应 | 是 | 是 | 是 |
| 年份固定效应 | 是 | 是 | 是 |
| 时间趋势 | 是 | 是 | 是 |
| 样本量 | 3406 | 3406 | 3406 |
| R$^2$ | 0.2290 | 0.2029 | 0.2427 |

注：括号内为稳健标准误；控制变量包括是否沿海、1880 年各府人口、面积、城市人口占比以及
大型城市数量。* p < 0.1， ** p < 0.05， *** p < 0.01。

## 5.3.5　其他历史事件影响检验

通过前面的模型分析，可以发现《公司律》对早期工业化的推动作用在

口岸地区和非口岸地区的显著差异。但这种差异的产生是否也可能源于同时间段的其他历史事件？为了解决这个问题，本书将构建模型检验其他历史事件是否是导致《公司律》实施效率的区域化差异的原因。具体而言，本书将主要检验1905年科举制度的废除对新设企业数量的可能影响。

科举制度在中国历史悠久，尽管这个人才选拔制度有助于提高官僚机构质量和国家能力，但导致大量人才忙于应试，对经济增长可能是不利的——传统精英们投身于对儒家经典的研究，而不是学习更为实用的科学和技术知识。因此可以说，科举制度是我国近代科学和工业崛起的重要阻碍，科举制度的废除有利于我国现代化的进程。白营（Bai，2019）在其文章中就认为，科举废除导致大量渴望高升的读书人失去了阶级流动的机会，有一部分人选择投身于革命，有一些精英学习西方技术并进入商界，创办新式企业，还有一部分人远渡重洋，赴日学习。后面两拨人共同推动了清末的现代化发展。因此，科举制的废除有可能加速了晚清时期企业的创办速度和数量，但是否为影响口岸地区和非口岸地区企业发展差异的原因有待进一步检验。考虑到科举盛行期间，清政府实行的是配额制。配额制是中央政府给各府设定的院试通过名额，以控制各府乡绅的数量和参与更高级别（举人和进士）选拔的人员数目及来源地。配额较多的府，在科举制度被废除后受到的影响和冲击更大，有可能有更多的读书人需要流转到其他的领域来谋求自身发展。因此本书用府级院试通过"配额"作为科举变量 Keju 进行验算。本书借鉴白营和贾瑞雪（Bai and Jia，2016）和许红梅等（2020）的方法，构建虚拟变量 $post_{-keju}$，也就是在科举废除的1905年之前，$post_{-keju}$ 取值为0，在1905年之后（含），$post_{-keju}$ 取值为1。将两个变量带入基准模型进行估算，表5-7报告了相关结果。由表5-7的结果可知，口岸和 $post_t$ 的交互项保持了稳定的显著性；此外，科举和 $post_{-keju}$ 的交互项也对年新设企业的数量有微弱的正向推动作用，说明科举制的废除导致大量读书人重新寻找融入社会的机会，其中有部分人进入现代产业界，因此确实可能推动了晚清时期现代企业的创办。

但科举、口岸和 post 三项交互项的结果不显著，说明科举制废除对新设企业增加的地域差异没有直接关系；或者说，口岸和非口岸地区的年新设工矿企业数量的差异性并不受科举制废除事件的影响。这也说明实证的基准模型测量结果是只针对公司法颁布这个变量。

表 5 – 7　　　　　　　科举废除事件的影响检验（府级数据）

| | $Y$（年新设企业数量）（log） | | |
|---|:---:|:---:|:---:|
| | （1） | （2） | （3） |
| 科举 × 口岸 × $post_{-keju}$ | | 0.0012<br>（0.0013） | 0.0009<br>（0.0014） |
| 科举 × $post_{-keju}$ | 0.0008 *<br>（0.0004） | 0.0011 **<br>（0.0005） | 0.0007<br>（0.0004） |
| 口岸 × $post_t$ | 0.3731 ***<br>（0.1063） | 0.3664 ***<br>（0.1344） | 0.2988 **<br>（0.1392） |
| 控制变量 | 是 | 否 | 是 |
| 地区固定效应 | 是 | 是 | 是 |
| 年份固定效应 | 是 | 是 | 是 |
| 时间趋势 | 是 | 是 | 是 |
| 样本量 | 3406 | 3406 | 3406 |
| $R^2$ | 0.2126 | 0.1810 | 0.2135 |

注：括号内为稳健标准误；控制变量包括是否沿海、各府面积、城市人口比例，以及大型城市数量。* $p < 0.1$，** $p < 0.05$，*** $p < 0.01$。

## 5.4　本章小结

本章是对前文理论推测的实证检验部分。通过设立双向固定效应模型作为基准模型，本章估算出《公司律》在全国范围内对工业化的推进作用不明显，但在口岸地区展现出显著的正向作用。为了保证检验结果的稳定性，本章通过工具变量（常关）检验、省级数据检验、分地区（东部和中部）检验、安慰剂（随机选取其他年份）检验以及其他历史事件（科举废除）检验等，证明了《公司律》在口岸地区有显著的实施效率的结论，再次论证了史实与理论假设是吻合的。

# 第6章

# 《公司律》实施效率地区
# 差异性的机制分析

第5章论证了《公司律》在口岸地区对工业
化推动作用更显著这个结论，但为何相比非口岸
地区，公司法在口岸地区的实施效率更显著呢？
这个结论背后的机制和原理是什么？

由图5－1的平行趋势检验可知，在《公司
律》颁布之前，口岸地区和非口岸地区的工业化
差异已然存在，但在《公司律》颁布之后，这种
差异显著拉大。从史实来看，19世纪90年代中
后期的《马关条约》之后，口岸地区的西方企业
获得了直接设厂的权利；在外资的竞争压力下，
我国的民族企业也获得了政府默许的发展机会。
口岸地区外资企业的入驻，其经营和管理模式对
当时中国商人创办企业有示范作用，进出口贸易

发展也带来较多的潜在盈利机会。但总的来说，中国民营企业仍在学习和起步阶段，发展有限。口岸地区的民族工业积累之时，口岸地区非正式规则在潜移默化地发生着变迁，包括文化传统、商业伦理、新的价值观、新的组织秩序和交易方式等都愈发向西方模式靠近。这种非正式规则的演变为《公司律》顺利融入口岸地区奠定了基础、提供了合适的环境，使得其颁布后更能为当地社会所理解和接受。同时口岸的盈利机会也刺激了商人群体利用《公司律》自由设立企业。因为之前公司设立是政府特许制，在《公司律》之后改革为注册制，商人获得了更为灵活的方式创立公司以抓住盈利机会。企业数量的增加和盈利机会的变现，都在客观上促进了工业发展。因此口岸地区在晚清的经济版图上开始和非口岸地区出现分流。正如上一章已经论证的，两类地区的工业化程度差异在《公司律》颁布之后会出现显著增大，《公司律》于1904年在全国实施后，推动口岸工业化进程更快，而在非口岸地区则没有出现这种加速度。

诺斯（North，1992）认为，正式规则和非正式规则的交织互动影响经济的交易成本，交易成本大幅度降低时，获得更高边际利润的新机会就出现了，同时提升了企业追求这种机会的动机。诺斯这个论断的默认前提是政府的良好执行力。实际上，政府执行力是一个变量，在不同的国家和地区，其执行能力的强弱差异是很大的，而且这种差异会影响制度的推广、执行和反馈，尤其是对于自上而下的强制性制度变迁。因此，《公司律》的移植过程会受到"政府执行力"和"非正式规则"两个变量约束。与此同时，《公司律》对公司制的推动作用还需要通过含有高利润的盈利机会的刺激才能完成。潜在的盈利机会引致组织形式的创新和变迁，以把握和获取潜在利润。这几个变量的具体逻辑关系可见图2-1。

鉴于晚清时期，清政府的社会掌控力已经非常微弱，而且在大一统的模式下，全国范围内政府执行力强弱程度差异不大，因此对于《公司律》的实施效果的地区差异性分析而言，政府执行力这个变量可以暂不考虑。"正式规则和非正式规则的交织互动"以及"潜在高利润的机会"筛选成推动公司组织形式普及、工业化发展的关键环节。前者影响正式规则能否顺利实施，后者决定实施后能否推动工业发展。《公司律》颁布后，能和这个舶来正式规则相兼容和相匹配的非正式规则有利于《公司律》的实施。考虑到非正式规则难以直接度量，而相对来说，《公司律》颁布之前，公司数量越多的地区，其非正式规则的变迁应与西方商业文化和制度靠近，与《公司律》在内容和理念上更兼容，因此本书运用各府在 1904 年之前（1894 年之后）设立的企业数量总和作为非正式规则的代理变量，测算非正式制度是否是调节《公司律》对工业化影响的关键因素之一。

此外，《公司律》通过对公司设立和运营过程中相关交易成本的有效降低来鼓励公司的成立和普及。公司能通过筹集大额资本抓住潜在盈利机会，实现其获取高额利润的初始目标，在客观上促进了工业化的发展，这是 19 世纪时期西方国家发展的模式，也是晚清学习的发展模式。在这个过程中，潜在的盈利机会是公司制普及能推动工业化进程的关键环节，也是本书分析的《公司律》能促进工业化发展的逻辑链条中的重要中介变量。考虑到晚清时期，中国经济仍主要以农业经济为主，有较好盈利回报的盐铁业被政府垄断，只有 19 世纪中后期发展起来的国际贸易是新兴的盈利机会。虽然新机器、新技术、新人才的引进需要高额的费用，但其可预期的回报也吸引了很多商人摩拳擦掌，因此国际贸易是这个时期政府几乎没有插手，同时具备高回报特征的盈利机会。本书以府级的"进出口贸易总值"作为新兴盈利机会的代理变量，估算"盈利机会"是否是《公司律》对工业化发展推动的有效中介变量。

同时，考虑到"人力资本"也被很多研究认为是工业化发展的推动机制之一，本书也测算了在晚清时期，《公司律》对工业化的影响是否源于"人力资本"的推动作用。

# 6.1 "非正式规则"调节机制分析

制度变迁在正式规则、非正式规则以及这些规则的执行特征三个层面都能发生，受变迁影响的层面越多，制度变迁对交易成本和经济表现的推动力就越大。当正式规则主动发生变迁时，如果与当地的非正式规则兼容，则能更顺利地为当地社会所理解和接受。晚清《公司律》的主要内容和理念都是移植于西方工业国家，是与之相匹配的非正式规则，包括对商业和商人的推崇、追求利益的最大化等新的价值观和意识形态，是对中国传统的家庭和商业伦理巨大的挑战。传统商业组织成立和运营的核心纽带是家族和关系网络，现在需要逐步让位于更加法制化的组织秩序和交易。由此可见，和《公司律》相匹配的非正式规则特点是截然区别于中国传统习惯和习俗以及商业文化的。但中国传统文化和习俗，因为条约口岸的被迫开放，开始了局部的变迁过程。因为西方商业的入驻和西方制度的传入，口岸地区的非正式规则开始主动或被动地向西方模式转化，因此到《公司律》颁布时，口岸的非正式规则环境已经和其他地区的传统模式大为不同，在与《公司律》这个正式规则的兼容方面有更大的优势。

因为晚清政府制定和颁布《公司律》过程仓促，在颁布之前并没有在社会进行相应的法理培养和司法移植。而清末中国广大地区仍主要以落后的农业经济、自然经济为主，只有通商口岸及东南沿海一些城市发展了一定程度的资本主义经济。在自然经济条件下，中国人的法律观念还未从义务本位演变为权利本位，对商法、公司法此类的法律需求并不强烈；与此形成鲜明对比的是口岸及沿海地区，因为商品经济、资本主义经济的发展，新的商业伦理和新的价值观的冲击，极大地推动了当地的非正式规则环境的更新，口岸经济中这些互相交织的新型非正式规则，比中国其他地区都活跃得多。这种活跃主要得益于早期进入的西方工商业的示范和诱导，体现在已经成立的现代意义企业模式的初始选择上。现代意义企业的设立，一方面受非正式规则的约束，另一方面也会主动推动其变迁。因此，二者是互相强化、循环影响的。鉴于此，本书选用"累积新设企业数量"这个指标来代表非正式规则的变迁程度：累积新设企业数量更多的地区，其非正式规则向近代化变迁程度应该越高。这个指标具体是指"1894 年之后、1904 年之前（不含）各府新设企业累积总和"。本书认为，条约口岸地区因为非正式规则转型更早更深入，因而在《公司律》颁布后，与之更相匹配、更兼容，有利于这个移植法律发挥效力。表 6 - 1 是对"累积新设企业数量"这个变量发挥的调节作用进行估算的结果。

**表 6 - 1**　　　　"累积新设企业数量"调节机制验证（府级数据）

| | $Y$（年新设企业数量） | | | | |
|---|---|---|---|---|---|
| | （1） | （2） | （3） | （4） | （5） |
| 累积新设企业数量 × 口岸 × $post_t$ | | 0.0766 * <br>(0.0428) | 0.0939 * <br>(0.0480) | 0.1137 *** <br>(0.0319) | 0.1584 *** <br>(0.0378) |
| 口岸 × $post_t$ | 0.8554 ** <br>(0.4313) | 0.7227 * <br>(0.4029) | 0.6362 <br>(0.4673) | 0.5449 <br>(0.3509) | 0.1872 <br>(0.3903) |
| 累积新设企业 数量 × $post_t$ | 0.0624 <br>(0.3850) | 0.0072 <br>(0.0204) | − 0.0176 <br>(0.0283) | 0.0377 <br>(0.0265) | 0.0227 <br>(0.0253) |
| 累积新设企业数量 × 人口数 × $post_t$ | | | | − 0.0002 ** <br>(0.0001) | − 0.0003 *** <br>(0.0001) |
| 控制变量 | 是 | 否 | 是 | 否 | 是 |
| 地区固定效应 | 是 | 是 | 是 | 是 | 是 |
| 年份固定效应 | 是 | 是 | 是 | 是 | 是 |
| 时间趋势 | 是 | 是 | 是 | 是 | 是 |
| 样本量 | 3406 | 3406 | 3406 | 3406 | 3406 |
| $R^2$ | 0.2949 | 0.2940 | 0.2980 | 0.2978 | 0.3090 |

注：括号内为稳健标准误；控制变量包括是否沿海、府级面积、城市人口比例，以及大型城市数量。* $p < 0.1$，** $p < 0.05$，*** $p < 0.01$。

由表 6 - 1 的估算结果可以看出，非正式规则变量"累积新设企业数量"加强了《公司律》在口岸地区推动工业化发展的作用。也就是说，口岸地区因为其非正式规则的演变步伐更快，更契合《公司律》这个正式规则，并彼此强化，因此《公司律》颁布后推动工业化进程的作用更大。

## 6.2  "盈利机会"中介机制分析

近代西方国家经济发展的模式基本都是以大量投资为特征的大规模工业化、市场经济的发展。公司制度的产生和推广是西方工业化发展的关键元素之一。曾有学者认为，"有限责任公司是近代最伟大的单项发明……甚至于蒸汽和电力相比都微不足道，如果没有有限责任公司，它们都会沦落到相当无用的地步"（特拉登堡，1990）。处于同时代的中国也不例外。晚清时期不论是知识分子还是清政府都对公司制度寄予厚望，视之为"自强、求富"的灵丹妙药。于是晚清《公司律》作为中国历史上第一部公司法、第一部商法性质的法律，在众人的期待中匆忙制定和颁布了。虽然当政者颁布这个公司法的目标是推动近代中国公司制的发展和普及，进而实现工业的活跃和经济的繁荣，却没有思考这个法律是否适合当时的社会、是否能真正解决制约当时中国工业发展的关键问题。问题自然并没有解决，晚清经济也没有进入快速工业化的轨道。《公司律》的颁布并没有获得预期的结果，那在"制度推动经济"这个运行链条上，是哪个环节出现了偏差呢？

公司的产生，源于为把握"盈利机会"而进行融资，而这个额度仅仅靠家族或朋友（传统筹资方式）解决不了（Mattiacci et al.，2013）。因此通过组织创新向"陌生人"筹款成为优化选择。英国东印度公司和荷兰东印度公司就是典型例子。作为最具代表性的早期股份公司，其成立和发展的过程就是围绕亚洲贸易这个盈利机会而展开（Acemoglu et al.，2005）。反观在传统中国，有较大利润的产业几乎都被政府垄断，如盐、铁业，民间商人没有机会进入这些领域；或者即使进入，也是通过"官商合营"的模式。官府直接介入商业经营活动，商人也只有同政府结合起来，成为利益链条上的共同体，才有可能在这些有大量利润的领域分一杯羹。在这样的运行机制下，商人几乎没有主动谋求"营业自由"的动力，相反要主动或被动地依赖政府权力。[1]正如费正清先生（2008）观察到的，"商人受制于官府，他们或者寻求官吏的保护，或者自己捐买功名，因而中国的商人更像政府专卖事业的税吏，而非具有冒险精神和事业心的投资者"。既然有丰厚利润的盈利机会大都被政府掌握，那些中小机会一般都不需要巨额投资，是民间商人可以通过家族或较小范围内的社会圈子解决的，所以传统中国的经营组织方式是"合伙制"或"独资"方式。不过在这个大背景下，也有一些有趣的特例。食盐制造企业是需要高资本、高生产能力聚合的企业，绝大部分是政府组织和控制，但自贡的食盐制造商因为地处边远，朝廷无力关注，一直到19世纪中叶之前，自贡盐商的开采和商业运作几乎不受政府限制，形成了一个与外界互不关联的商人圈（曾小萍，2014）。他们创建产业资本并发展出规模经济，建立了大规模的横向、纵向一体化企业，使得自身跻身于中国最富有之人的行列。这个例子说明，在有"营业自由"的环境中，如果遇到合适的盈利机会，中国工商业也可能内生出现代组织模式。

由以上分析可见，公司制产生的基础条件是有丰厚潜在利润的商业机会的出现以及对大额筹资的需要，比如16～17世纪大西洋航线的开辟、17世纪亚洲贸易的开发、18世纪英国工业革命，以及近代中国开放口岸后国际贸易的发展等。这些蕴涵高额利润的盈利机会出现后，如果当权者没有干预、

---

① "营业自由"是指营业主体进行营业性经营活动，除受相关法律、法规的限制外，不受其他约束（见张大为：《近代中国营业自由法制研究（1840—1937）》，武汉大学博士学位论文，2013年）。亚当·斯密就曾指出，自由经商的权利和婚姻自由等权利如果受到侵害，这显然就损害了人自由支配自己身体的权利，也就是人自己想做并且不会对他人造成损害的权利（见帕特里夏·沃哈恩：《亚当·斯密及其留给现代资本主义的遗产》，夏镇平译，上海：上海译文出版社2006年版）。

挤压民间商人营业自由的行动空间，没有直接染指和垄断这种机会为自己谋利，那么民间商人就不需要依附政府、可自主开发这种商业机会。17 世纪荷兰、英国和葡萄牙对亚洲贸易的开发模式就是三种典型代表：荷兰政府在共和制度的约束下不能插手商人业务；英国政府给予商人开发的机会，但是却有干预其运营的权力，影响了商人投入资本的安全性；而葡萄牙因为皇权的集中和皇室的富裕，所以直接垄断了亚洲贸易，排除了民间商人进入的机会。这三种模式的后果就是荷兰模式下的东印度公司在长达半个多世纪的时间内，其经营绩效远远超过其他几个欧洲国家的总和。传统中国的盐、铁业也是典型的政府与民争利的例子，政府直接垄断了这些行业的开采和买卖权，民间商人没有机会自由进入这些领域。近代中国的"官督商办"和"官商合办"模式也体现了政府对民间商人潜在商业机会的控制，商人只有依附于政府才可能获得进入机会。

公司法的作用是为了规范公司的运营环境和公司自身的运营程序，降低设立和运营过程中的交易费用，帮助公司更好地把握市场上的盈利机会。公司法和公司制二者是相互交织、互相作用的关系。依此逻辑，公司法是通过盈利机会潜藏的盈利可能性来影响公司组织形式的设立和发展、通过盈利机会的实现来影响工业发展和经济增长。晚清时期口岸地区快速增长的国际贸易带动了对国内原材料和特色产品的需求，提供了商人们可以追逐的"盈利机会"。公司法只有在"盈利机会"存在这个条件之上，才能通过对企业个体权利的强调和经营关系的调整来降低交易费用，从而推动和鼓励更多的公司通过市场来抓住盈利机会。由此可见，口岸的国际贸易作为一种"盈利机会"，应该是晚清时期公司法发挥作用的重要中介变量。为了验证这个分析结论，本书把衡量国际贸易体量的进出口总值作为盈利机会的代理变量，采用逐步检验回归法来验证中介效应。中介效应的模型设定如下：

$$Y_{p,t} = a_0 + a_1 X_p \times post_t + a_2 Z_{p,t} + I_p + V_t + \zeta_t + \varepsilon_{p,t} \qquad (6-1)$$

$$M_{p,t} = b_0 + b_1 X_p \times post_t + b_2 Z_{p,t} + I_p + V_t + \zeta_t + \varepsilon_{p,t} \qquad (6-2)$$

$$Y_{p,t} = c_0 + c_1 X_p \times post_t + c_2 Z_{p,t} + c_3 M_{p,t} + I_p + V_t + \zeta_t + \varepsilon_{p,t} \qquad (6-3)$$

模型（6-1）是被解释变量对解释变量的回归，模型（6-2）是中介变量对解释变量的回归，模型（6-3）是被解释变量对解释变量和中介变量的回归。参照温忠麟、叶宝娟（2014）的研究，模型中的系数 $b_1$ 和 $c_3$，若二者均显著，则为中介效应，估算结果如表 6-2。估算结果表明，模型中的系数 $b_1$ 和 $c_3$ 显现了稳定的显著性，因此口岸地区活跃的国际贸易是公司法推动工业化进展的主要中介机制之一。国际贸易代表的不仅仅是近代中国最重要的潜在盈利机会，更代表的是这种盈利机会是民营资本可以进入、政府权力没有介入的机会。这个结论和阿西莫格鲁等（Acemoglu et al., 2005）的研究结论是相呼应的。阿西莫格鲁等的研究发现，殖民贸易通过强化传统社会精英的贸易利益，进而增强了产权保护制度。只有商人有营业自由，才能在面对盈利机会时，通过各种创新获得盈利，从而在客观上推动经济的繁荣和社会的进步。

表 6-2　　　　　　　"国际贸易进出口值" 机制验证（府级数据）

| | 进出口总值 | | $Y$（年新设企业数量） | |
|---|---|---|---|---|
| | （1） | （2） | （1） | （2） |
| 进出口总值 | | | 0.0167 *** (0.0010) | 0.0157 *** (0.0010) |
| 口岸 $\times post_t$ | 16.0298 * (8.6597) | 12.2482 * (7.1795) | 0.9254 ** (0.3897) | 0.7527 * (0.4281) |
| 控制变量 | 否 | 是 | 否 | 是 |
| 地区固定效应 | 是 | 是 | 是 | 是 |
| 年份固定效应 | 是 | 是 | 是 | 是 |
| 时间趋势 | 是 | 是 | 是 | 是 |
| 样本量 | 3406 | 3406 | 3406 | 3406 |
| $R^2$ | 0.0703 | 0.0904 | 0.2962 | 0.3255 |

注：括号内为稳健标准误；控制变量包括是否沿海、1880 年人口总数、面积、城市人口比例，以及大型城市数量。* $p < 0.1$，** $p < 0.05$，*** $p < 0.01$。

# 6.3 "人力资本"影响机制检验

口岸地区的《公司律》实施效率更高,是否是受到该地区人力资本的影响?本书将以"各省 1903 年人均教会学校学生数"(简称"教会学校学生数")、"各省 1903 年人均教会学校数量"(简称为"教会学校数")和"各省 1903 年人均书院数"(简称"书院数")三个变量分别作为人力资本的代理变量来验证人力资本的不同是否是导致公司法实施效果地区差异的机制之一。教育是影响人力资本的最主要渠道之一,晚清科举制废除(1905 年)之前,教会学校和中国传统教育系统双轨并行,互不影响,但特点各不相同。教会学校提供近代教育,以及相关的现代技能、理念和思想,这点首先在口岸地区体现出来,之后又扩展到相邻的城市和周边的乡村,为近代经济发展提供了更多可用的本土劳动力资源(李华兴,1997)。因此教会学校可以为公司法发挥其推动工商业发展的积极作用提供基础支持。另外,考虑到传统教育影响的广度和深度,也可能通过人力资源这个维度影响公司法的作用。因此本书分别对这两类变量进行检验。受限于数据可得的有限性,"人力资本"代理变量均只能采用省级数据,估算结果见表 6 - 3。估算结果表明,口岸的公司法并非通过"人力资本"这个机制来发挥更积极的作用。

表 6 - 3         "人力资本"机制检验结果(省级数据)

| 项目 | Y | | | | | | |
|---|---|---|---|---|---|---|---|
| | (1) | (2) | (3) | (4) | (5) | (6) | (7) |
| 人均教会学校学生数 × 口岸 × *post* | -0.0007<br>(0.0019) | 0.0011<br>(0.0019) | | | | | -0.0083<br>(0.0058) |
| 人均教会学校学生数 × *post* | 0.0015<br>(0.0018) | 0.0003<br>(0.0015) | | | | | 0.0073<br>(0.0044) |

续表

| 项目 | Y | | | | | | |
|---|---|---|---|---|---|---|---|
| | (1) | (2) | (3) | (4) | (5) | (6) | (7) |
| 人均教会学校数 × 口岸 × post | | | 0.1228 (0.3106) | 0.5464 (0.3166) | | | 0.7238 (0.6212) |
| 人均教会学校数 × post | | | −0.1066 (0.3043) | −0.4918 (0.3394) | | | −0.6954 (0.5935) |
| 人均书院数 × 口岸 × post | | | | | −0.0115 (0.0088) | −0.0107 (0.0102) | −0.0073 (0.0112) |
| 人均书院数 × post | | | | | 0.0003 (0.0081) | −0.0069 (0.0092) | −0.1293 (0.0128) |
| 口岸 × post | 1.2740 (1.1929) | 1.8017 (1.1874) | 1.6330 (1.7299) | 0.9097 (1.5409) | 5.8980 ** (2.4608) | 6.2982 ** (2.1431) | 5.5273 * (2.7268) |
| 控制变量 | 否 | 是 | 否 | 是 | 否 | 是 | 是 |
| 地区固定效应 | 是 | 是 | 是 | 是 | 是 | 是 | 是 |
| 年份固定效应 | 是 | 是 | 是 | 是 | 是 | 是 | 是 |
| 时间趋势 | 是 | 是 | 是 | 是 | 是 | 是 | 是 |
| 样本量 | 234 | 234 | 234 | 234 | 234 | 234 | 234 |
| $R^2$ | 0.3487 | 0.3523 | 0.3070 | 0.3401 | 0.2996 | 0.3822 | 0.3929 |

注：括号内为稳健标准误；控制变量包括各省 1880 年人口数量、是否沿海、面积，以及大型城市数量。* $p < 0.1$，** $p < 0.05$，*** $p < 0.01$。

## 6.4　本章小结

近代公司法的颁布和实施不仅体现了近代中国学习西方文明的辗转迂回过程，更与晚清政府的治理模式和政治经济抱负、复杂的国际环境等交织在一起，为中国经济发展在制度方面的研究提供了难得的自然实验。晚清的《公司律》作为中国历史上第一部公司法，受限于当时的政治、经济环境和法律基础，在西方已有的立法例之间进行比较、挑选，最后聚合而成。这个舶来法律实施于晚清政府大一统的治理模式之下，但当时各地的非正式规则环境，尤其是涉及近代工商业的部分，已有显著的不同，给本书研究近代公司法在非正式规则环境不同的地区是否实施效率有差异提供了珍贵的素材。本书的实证研究结果表明，《公司律》在口岸和非口岸地区的实施效果确实存在显著差异，而且这种差异主要源于非正式规则环境的差异和盈利机会的不同。非正式规则环境的差异影响公司法的实施效率，是否有盈利的盈利机会是连接公司法和工业化的中介机制。口岸地区因为西方工商业较早进驻，影响深远，在非正式规则方面可以更早实现向西方模式靠近的变迁；同时因为国际贸易的发展，给民营资本提供了新的盈利机会，这种机会对资本量的需求比较大，因此通过公司形式来聚集民间资本，成为向西方企业学习后的现实选择。这也是为何方流芳（1992）认为，公司制引入中国几乎没有受到任何阻碍的原因。晚清《公司律》的进步之处在于对公司成立采用"注册制"，引进并规范了有限责任原则，同时对政府在公司中的权利进行了限制；但这些进步条款只有在特定条件得到满足后才能发挥作用。晚清时期广袤的内地城市，大部分地区因为制度、交通、信息等方面的制约，并没有享受到国际贸易带来的商业契机，自给自足的小农经济模式下的非正式规则环境也没有太多更新。这些地区相对来说，缺乏盈利机会，也缺乏新的观念和文化，因此对公司制没有需求。由此可知，《公司律》在晚清内陆地区效果甚微，主要原因并非近代公司法内容的种种缺失（当然其内容有很大改善的空间），而是受限于当地的盈利机会匮乏，传统习俗和固定思维的局限。与此同时，本书的研究也表明，在中国漫长的发展过程中，从来都不缺少富有机敏头脑和冒险创新精神的企业家，一旦遇到合适的盈利机会和支持性的制度环境，他们便能蓬勃地成长起来。

# 第 7 章

# 中外早期公司法比较研究

前面以诺斯关于制度变迁的理论框架为基础，通过定性和定量研究论证了晚清《公司律》实施效率的地方性差异，即《公司律》在口岸地区和非口岸地区对早期工业化进程的推动作用有显著差异，并发现在这个制度变迁影响工业化的逻辑链条上，非正式规则环境起到关键性的调节作用，而是否有合适的盈利机会则是重要的中介机制。扩展历史考察的视角，对于公司法这个法律制度而言，英国是典型的内源式、固有法国家，中国和日本是典型的继受法国家，将英国和日本与中国的早期公司法一一做比较，当可更清晰地看出盈利机会、非正式规则和政府执行力这些变量对公司法实施效率的影响。

公司法在英国是内源式发展起来的，是一个

自下而上的自发过程，是公司发展到一定程度后推动了公司法的形成，以英国早期公司法的发展作为一个参照系有利于从法律本源的角度探索公司法产生作用的条件和机理。选择日本的原因是因为传统日本和中国在政体、经济、文化等方面"似乎"有极大相似性，发展到近代时期，日本和中国又是亚洲的两个通过移植法律、主动进行变法的国家，但是日本移植公司法较为成功，而晚清中国移植效果不佳，因此中、日对比研究有助于我们更深刻地理解公司法经历移植后产生作用的内在逻辑和路径。通过对中、英、日的早期公司法实施比较，抽丝剥茧之后发现，无论是在英国、日本还是中国，早期公司法能发挥效应的基本条件要求都是一致的，都是需要满足"盈利机会"的拉动和"政府执行力"与"非正式规则"的推动。本章的对比分析通过进一步证实早期公司法发挥作用的环境和条件，再次印证晚清《公司律》影响中国早期工业化发展存在地区差异性这个主题。也就是说，对中外早期公司法进行对比研究，目的是更好地"认清自己"。

公司法无论是内源式产生还是通过移植，都可看作是一个制度变迁的过程。考虑到制度变迁是一个内涵有深度、外延有广度的话题，本章将从各国早期公司法产生过程、当时的盈利机会、政府执行力以及非正式规则环境四个方面进行阐述。

# 7.1　早期公司法产生过程比较分析

一种新的法律自发产生，一般需要经历较长时间的酝酿、斗争和成熟。这个过程遵循社会发展的内在动因，是社会自身对法律变革提出需求，法律按照自身演进规律实行改革。英国早期公司法的建立虽然经历曲折，但过程大致如此。而移植法律，因为是借鉴别国已有的法律内容和模式，因此可以在短时期内快速推出，如晚清中国。但如果在借用外国较成熟法律制度的同时，纳入对本国现存的相关社会规范的吸收；在颁布移植法之前，做好法理移植和司法移植的准备，则这个过程可能相对更漫长，比如日本。本部分对英国、日本和中国早期公司法的产生过程进行比较，意在对照中理解法律制度变迁过程内在机理的统一性，及与社会发展的交织互动而展现的外在形式多样性。

## 7.1.1 英国早期公司法的产生过程

公司制度是近代最伟大的发明之一。曾有学者认为："有限责任公司是近代最伟大的单项发明……甚至于蒸汽和电力相比都微不足道，如果没有有限责任公司，它们都会沦落到相当无用的地步"（艾伦·特拉登堡，1990）。这种观点虽然对公司制的重要性有些夸大，却也表达出公司制在经济发展、技术进步过程中发挥的巨大作用。马克思也曾对股份公司作出高度评价，他认为股份公司"使生产规模惊人地扩大了，个别资本不可能建立的企业出现了"[①]。公司制的产生使得社会化大生产成为可能，生产力得到极大的提高。英国是世界上较早建立具有现代意义公司制的国家；相应地，其关于公司的立法也走在世界的前列。有研究者认为，英国公司制及公司法的发展呈现一种最为自然、连贯的演进过程，欧洲其他国家和美国公司法都是从英国公司和公司法的发展中吸取了营养（叶林，2006）。这种说法虽有夸张之嫌，因为英国公司制和公司法的发展也有向他国学习之元素，而其他欧美国家公司法的发展呈现了相对独立的路径和格局。但是这个论断所传达的英国早期公司制和公司法相互交织、互相推动的自然发展过程和二者在全球的引领地位还是与史实相符合的。英国公司法随着公司的发展自然产生，在推动和规制公司制发展、促进社会效率提高方面历史悠久、成效显著，因此，对英国公司法的演进过程的研究无疑具有重要的参考意义。

---

① 马克思：《资本论》（第 3 卷），北京：人民出版社 1975 年版，第 493 页。

英国公司法的产生是自下而上的自发过程，主要是公司自身发展推动的结果；当然这个过程也不能忽略上层建筑的影响。公司法与公司制的发展既互相促进、又互相制约，但这个交织发展过程并非一帆风顺，某些时期上层建筑制定的相关法律阻碍发展在历史上并不鲜见，英国也不例外。

公司制度的发展过程中，有两个重要节点是"法人准则成立主义"和"有限责任"原则的确立。"准则成立"原则是针对之前"特许制"的改革，"有限责任"原则是对"无限责任"原则的挑战。这两个原则都是公司制的核心特点，但都与原本已根深蒂固的社会意识形态和运行逻辑大相径庭，因此最终必须要通过法律的形式来确立，通过国家机器的强制执行来推广和普及。本部分将从"准则成立"和"无限责任"两个线索来分析英国公司法的发展过程。

首先，"准则成立原则"确立过程曲折。英国最早的股份公司是 17 世纪初成立的东印度公司。这个公司的产生既是英国为了对东方国家进行殖民掠夺和垄断贸易而成立的，也是源于英国和荷兰之间在国际贸易上的竞争。1598 年，伦敦银行区百名商人联合成立东印度公司，独占好望角以东一切国家的贸易，并于 1600 年得到伊丽莎白女王的批准，公司正式成立。注意，东印度公司是女王"特许"成立的，这种模式在当时是每一个公司成立必走的流程。每个公司的成立都属于政府的"特事特办"。此后的一个世纪，有不少股份公司根据国王特许状或国会法案在英国成立。

17 世纪末到 18 世纪初，随着工业革命的到来，各种新兴产业突飞猛进地发展起来，受限于"特许"才能成立的条件，大量自发形成的公司未经注册（unincorporated companies）就开始运营。但这些未注册的公司，一方面带来工业和商业的繁荣，另一方面也带来一系列的管理问题和法律问题。未经注册的公司被视为合伙性质，诉讼主体因为没有法人资格，使得任何一项有关的法律诉讼变成一项繁杂、难以完成的项目。与此同时，因为没有特许资格不能发行股票，未注册公司还假冒特许公司参与股票投机。英国长期的经济繁荣使得私人资本不断积聚，社会储蓄膨胀，但投资机会却不足，其中投资股票是最受大家追捧的方式。但"特许制"的条件限制使得当时能发行股票的公司数量有限，于是一些未注册公司看中这个机会，假冒特许公司参与股票投机。国会为了清理和整顿冒牌特许公司，在 1720 年制定了《泡沫法》（*Bubble Act*），这是英国最早的与公司相关的立法。《泡沫法》规定没有特许状授权，就不能募集可转让股份或转让股份。这个法案"不是正本清源、努力改革引起投机狂潮的行政性垄断和法人社团特许制度，而是指望通过强化法人社团许可制度、阻碍合股公司取得法人资格、减少法人社团数目来避免另一次危机"（方流芳，1992）。"本来需要制定这样一种法律——它既能使合股公司易于采取法人形式，又能保护股东和公众，使之得以对抗公司发起、运营过程中的欺诈和疏忽。可是，实际上却颁布了另一种法律——它竭力使合股公司难以采用法人形式，可对那些已经采用法人形式的公司，又没有任何规则去约束其行为"（Holdsworth，1925）。即使如此，《泡沫法》也并不能改变一些已经获得特许资格的公司股票泡沫破灭的轨迹，其中南海公司就是一个典型。在股票价格最高潮的时候，南海公司的股票总值是全欧洲现金流量的 5 倍，但当公众开始清醒过来，大举抛售南海公司股票时，股价一落千丈，成千上万的股民倾家荡产，就连科学家牛顿也损失超过 2 万英镑，不得不感叹股市如此疯狂，比天体的运行轨迹还难以预料。讽刺的是，《泡沫法》试图抑制的非法人合股公司，在法案生效之后，却仍然持续的发展。虽然该法案使得 1720 年之后公司设立的可能性更小，但这种商业需求却是扑不灭的，并在南海事件后迅速恢复。在这种情况下，大量无法注册为公司，却暗地里以公司组织形式进行商业活动的主体涌现。由此可见，《泡沫法》因为其内容与当时的市场需求和发展趋势背道而驰，因此实施效果与立法者的愿望也恰恰相反，唯一的"作用"就是把股份公司在英国的发展滞缓了 100 多年。"假如当局能较为宽松地授予法人资格，股份公司在 18 世纪就会成为占支配地位的商业组织形式"（Gower，1969）。这也说明，法律的制定应以社会运行的内在逻辑和实际需求为出发点，顺应趋势进行引导和规范。

英国《泡沫法》实施时期，公司成立仍然是特许制，因此滋生了大量无公司之名但有公司组织形式之实的主体。这类主体一旦发生诉讼，法院只能以合伙的性质对待，但可能合伙股东成百上千，难以实际追究到其民事或刑事责任，导致未注册公司反而比注册公司享有了更多的逃脱机会。这也说明，光靠禁止是不能解决问题的；只要这种需求在，这类主体就会以某种灰色形式继续存在，并且有可能带来更大的麻烦。因此从社会效率的角度来看，《泡沫法》显然是一个失败的法律。

到 1825 年，《泡沫法》终于被废除，但其带来的乱象却不是一下子能消除的。皇家政府为了纠正这个法案的负面影响，于 1834 年颁布了《贸易公司法》(Trading Companies Act)，试图用相对宽松的"专利证书"(Letter of Patent) 来代替特许状，但效果并不明显。直到 1844 年颁布《合股公司法》(Joint Stock Companies Act 1844)，确立了"法人准则成立主义"，即凡符合法定条件之社团，一经注册登记即取得法人资格，不必另有特许状或国会法令授权。这样《泡沫法》衍生的混乱才慢慢终止。准则成立主义从根本上改变了法人的授予方式和发展方向，取得法人资格的途径由之前的特权阶级专利转向公众敞开。一方面法人失去了垄断权的特殊地位，使得平等竞争、平等市场成为可能；另一方面也不需要再分担国家的某些职能和财务需求，成了纯粹的"私权"享有者和"私法"主体。因此，从特许到准则标志着市场"由垄断到竞争、由封闭到开放、由分割到统一的历史转折"（方流芳，1992）。这个重要转折是通过公司法的变革来实现的，它要求政府职能活动与私法领域泾渭分明；国家的职能不能让渡给私法主体，在私法领域的职能必须受到严格控制。因此，"从特许设立到准则设立，是古代公司向近代公司进化的过程"（方流芳，1992），是从制度的层面实现"政企分开"的关键。这也是《合股公司法》意义重大的主要原因，标志着现代公司制度的正式出现，初步奠定了英国现代公司法的立法模式与框架。

"准则成立"原则的确立一波三折，"有限责任原则"的建立也是一个艰难过程。如果说 1844 年《合股公司法》确立的"准则成立"原则为现代意义的公司赢得了独立发展、不受政府干涉和掣肘的框架空间，公司融资瓶颈的突破则有赖于另一个重要的创举，即有限责任原则（limited liability）的确立。虽然到 1855 年之前，试图通过法律限制责任的努力从未停止过，但一直没有获得成功。

《合股公司法》颁布不久之后，英国政府在 1848 年和 1849 年出台了清算法案，试图解决工业革命繁荣背后的破产以及各种资不抵债的行为。同时还有法案专门针对公司董事们不尽职责的商业犯罪行为进行规范和制裁。到此时为止，公司成员为公司承担连带责任的做法，仍然是法律认可的条例和规定。但与此同时，在实践中，"有限责任"的原则已经被最大可能地实施了，如投资者们自行通过财产授予契约或者公司章程宣告自身责任的有限性，保险公司通过合同的方式与交易者约定责任限额，等等。关于有限责任的合同性尝试，已经在长期的商业发展进程中点滴累积。然而，对有限责任原则进入法律框架的反对声音却一直存在。比如有人在当时的《法律时报》撰文认为：①

> ……（有限责任）这样的法律，腐化了其影响之下的人……"有限责任公司"一词，也成了所有坏和卑劣东西之代名词。人们不愿与有着这样值得怀疑声誉的东西有任何之瓜葛。有个性之人不会冒险当董事长……有钱之人不会愿意当股东……各种理由证实它是一个异乎寻常之失败并且只会带来灾难。它在理论上已经声名狼藉，在实践中更差……

反对者的理由是"有限责任"原则将鼓励过多的、不计后果的成立公司之行为，打开不诚实和欺诈之大门。因为"这个国家资本充足，剩余资本之使用由我们自己决定。任何突然之需求和任何投机之开始，立刻被给予无尽之资金"②。尽管反对的声音不弱，但在 1855 年，英国两院终于通过了《有

---

① 这段引文转引自费尔莫理（2007）。
② 《蒙特伊格尔法官之再读上议院法案之演讲》，见汉撒德（Hansard）：《英国议会辩论记录》（第 3 系列），第 142 卷，第 1482 栏。

限责任法案》。"进化理论"认为这是向美国学习的结果。1811 年，美国纽约州最早规定，在特定的制造业中，公司的资本总额不超过 10 万美元时，所有的申请人都受到有限责任的保护。1830 年马萨诸塞州的一项法律承认了股东的有限责任。随后在美国各州相继得到普遍确认。美国法官把公司视为发展资本主义的工具，认识到推行有限责任对于鼓励人们入股、促进公司发展的重要作用，因此在贯彻有限责任方面，美国人后来居上、走在英国人的前面。竞争的压力是法律移植和模仿的动力，州与州之间、国家与国家之间的竞争推动了公司法更为自由、更为合理的发展趋势。有限责任原则在美国成功发展的案例，推动了英国的学习和模仿。英国在 1855 年学习了这一制度。在之后 1856 年的《合股公司法》、1857 年的《股份银行公司法》中有限责任原则得到进一步确认。到 1858 年，国会通过法案允许银行注册为有限责任公司。至此，公司股东的有限责任作为公司法的基本原则之一在英国法律上得以稳定。

虽然进化理论认为英国法律最终确立"有限责任"原则是竞争的结果，但不能否认的史实是，这个原则在被法案确立之前，在实践中是一直被默默实施，说明这个原则是符合当时市场发展需要的。因此法案确立后在总体上是受到欢迎的，帕萨森法官在委员会对法案的讨论中就表示：

> ……这个法案有着极大的意义和重要性……简单地说，我认为这是少数人和多数人的抗争……少数人之观点与大众利益背道而驰。我被说服，没有什么比释放可能被有效利用的小额资本更符合大众利益，这也是法案的目的……如果法案被通过，这些资本可以被有效使用并为资本所有者也为大众带来利益。这是一个自由贸易还是垄断经营之问题。

上议院和下议院都没有对法案所基于之原则有任何反对。斯坦利法官在向上议院提交议案决议时表示：

> 这一问题已经存在二十多年了。下议院通过一致决议，认为当前之法律是不尽如人意的，并需要立即作出修改。根据这一决议，国会制定

了议案，议案在议会中只遭到很少之反对便通过了，或者说议案原则没有遭到什么异议，只是在部分具体细节上有些不同意见……几乎整个国家都支持它（有限责任原则）……如果在实践中最大力度地实施（无限责任）原则，这个国家就不可能完成这么多伟大工程，铁路、运河、码头、港湾等类似工程……这些都证明无限责任原则在实践中已经被否定，而议案中之（有限责任）原则被认可和遵循。

支持"有限责任"的理由众多，但最有力的是有利于发挥公司的融资功能。巨大的工程（无论是商业还是工业）需要巨量的资金，个体很难独自承担，而政府亦不一定有这样的能量；或者即使有，如何分配以及如何管理，都是一个难题（近代中国的官督商办企业就是一个例证）。在股东无限责任的法制体系下，公司这种组织形式也能为一些冒险家提供充足的资本。但对于普通民众而言，购买了股票却没有管理公司的权力，如果让其承担无限责任，既不合理，也会阻碍资金的吸收。反对声音所担心的代理成本问题，是可以从信息披露以及信义义务这些方面加以事前防范的。事实上，之后英国公司法中关于有限责任条款便是沿着这个路径发展的。此后每隔一些年份，公司法便会有更新和发展，但英国现代公司法的一些基本理念和基本制度，随着 1908 年合并公司法的实施已基本完成。

英国公司法的两个核心原则"准则成立"和"有限责任"的法律确立过程确实漫长而曲折。图 7-1 以时间为线索，整理了英国公司法最终确立的脉络。可以看出，公司法两个核心原则的确立并不是直线过程，而是上层建筑和社会相关群体之间利益走向的摩擦和彼此力量博弈的结果。英国公司法的发展是以公司的蓬勃发展为动因的。公司作为一种商业模式，有其自身发展的脉络和方向，决定的主要因素是时下市场的需求；公司法作为调整社会关系的法律规制，一方面体现当权者的目标，另一方面则反映市场主体的诉求，但总的来说是二者博弈的结果。

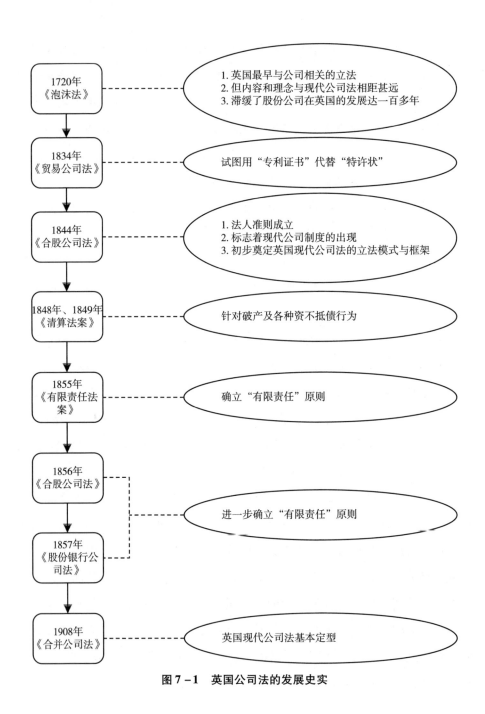

图 7-1　英国公司法的发展史实

## 7.1.2 日本早期公司法的产生过程

不同于英国早期公司法是内源式产生，中国和日本都是通过对西方已有法律的借用来构建自己的公司法。中、日两个国家的早期公司法移植背景和过程有许多相似之处：其一，近代时期，中国和日本都是主动引进西方法律进行变法、以期实现国富民强目标的国家，即所谓的继受法国家。其二，在引进法律之前，两个国家的商人地位都很低下：日本在明治维新（1868 年）之前，社会结构分层，商人社会地位低，商业不发达（李超，2012）；而中国传统社会中，商人也是处于社会的末端。其三，在进行法制改革之前，两个国家都是闭关锁国的治理模式，经济相比西方国家已经是经济落后的典型。其四，两个国家都是受到欧美列强以武力威胁的压力，不得不对外开放面对西方社会。而进行法制改革、引进公司法的原因之一，都是曾得到欧美国家的允诺：通过自身的法律改革，可以废除欧美列强加在自身的不平等条约或特权。其五，在制定早期的公司法之前，两个国家都曾派出遣美、遣欧使节团进行考察，以及留学生赴欧美进行学习；国家的统治阶级也都意识到公司制度是西欧国家赖以发展强大的源泉，因此希望迅速移植公司制度并付诸实施，以摆脱眼前的困境。此外，中、日的中央政府在开始引进、推广公司制度的初期，都是通过创办官民合营的公司来推广公司制度；这在晚清中国称作"洋务运动"，在幕末日本称作"幕藩工业"。其六，也是非常重要的一点，晚清公司法被认为主要是向日本公司法学习的结果，因此根源上两国早期公司法同属一脉。

尽管有这么多相似之处，但中、日早期公司法的实际建立过程还是有明显不同。日本早在 1876 年，其司法省就向太政官提出起草商法，但由于各种原因没能着手开始进行。1880 年 9 月，元老院设立"会社及组合条例审查局"，开始起草公司规定，1881 年 4 月完成了《公司条例》的起草，并准备作为单行法单独公布。但政府内有意见认为公司法是商法的一部分，应该和商法一同公布，因此公司条例的颁布就搁置下来。到1886年6月，经过各种修改而形成的《商社法案》再次提交元老院审议，但在公布之前政府又改变了主意。这个颁布过程漫长而多变主要缘于当时关于公司法各种意见的声音非常强烈。这些声音虽然在一定程度上减缓了公司法颁布的速度，但也说明公司法的制定和颁布受到各方代表和人士的关注、需要综合不同团体的意见，在这个不断摩擦、修改中成熟的公司法，不仅可能内容在会通中外方面更合适，而且这个过程本身也是一个法理移植、西方法律思想培养的过程。1890年日本政府颁布了最初的《商法典》（其中包括公司法），但因为是由一位德国人起草，又遭到一部分人的异议，因此议会决定推迟实施，同时改由日本人重新起草。终于于1899年颁布了《新商法典》。这个过程反映了当时日本政府和各方人士对立法的重视（今井洁，1999）。新商法典的实施标志着日本公司法基础的奠定。

### 7.1.3 中国早期公司法的产生过程

如果把英国早期公司法的形成和颁布比喻成种树摘果的过程，则日本早期公司法的制定和实施是在现有果实中挑选、斟酌的过程，而中国早期公司法产生的速度更快，是直接拿果子的过程。英国早期公司法《合股公司法》，是随着社会经济发展自发性产生、在公司形式已经在市场上普遍存在的前提下应需而生的，其内容尤其是关于公司制的核心条款的确立，是一个逐步的、自发的、博弈的漫长过程。中国和日本的早期公司法是以"外国公司法"作为规则来源的继受法，但日本早期公司法的制定过程还经历了国内各方势力为各自利益博弈、外来法本土化的过程，而晚清《公司律》则是通过政府内部少数人编纂、政府直接命令颁布，是一个全新构建、完全替换的迅速过程，缺少其他各方包括商人群体的参与。从时间上看，英国公司法耗时近两百年才基本修订成型，日本公司法通过 20 多年的辗转最终落定，而晚清政府仅仅花 4 个月时间就编制并颁布了《公司律》（因为第 3 章已经对《公司律》的制定和实施过程作过详细阐述，因此在这里恕不赘述）。晚清《公司律》的这个颁布过程貌似简单，实则因为忽略了制度内容的适应性、忽略了相关利益群体的特点和利益，而使得实施过程困难重重、效果难料。

晚清政府制定《公司律》是一个短暂而仓促过程，主要因为公司法的制定和颁布并没有考虑经济发展内在的特点和实际需要，更多来自社会精英人士的鼓动和外来（西方国家）压力，通过政府权力、自上而下地强制推行，因此这个与商人最息息相关的法律，却独独缺乏商人阶层的声音。主要的原因还是传统中国根深蒂固的官本位社会结构，商一直居四民之末。虽然晚清时期重商主义兴起，但从未导致农本经济结构的瓦解，商人阶层在政治领域尚未能获得话语权。"官督商办""官商合办"等模式的失败即是例证。虽然近代时期在"实业兴国"的历史主题下，商业发展得到推动，但总的来说，民营商办公司数量不多，且大都以中小企业为主，商人的影响力还是很有限的。晚清政府制定《公司律》仍旧沿用旧有模式：根据自身的需要，在有限的精英圈子里面制定，然后自上而下地颁布。但当时的实际情况是清政府的社会控制力已经比较薄弱，大权分散于地方政府和官僚，而负责落实的部门（商部和商会）都是新设立机构，实施力弱。自下而上的对接阶层、商人阶层因为没有参与到制定和实施过程，抱怨《公司律》的内容与实际商情脱钩，也难以成为支持性力量。

《公司律》引进的原则，虽然在法理上有一定的先进性，却不一定与当时的社会经济背景相匹配、与市场的需求相呼应。比如有限责任原则，虽然这个原则在聚集资本、抓住盈利机会、客观上促进工业发展等方面确实有推动作用，但前提是市场"资本充足"，且有巨大盈利机会的潜力。相比而言，近代中国的大部分地区，资本存量极低（Lippit，1974；汪海波，1981；Riskin，1987；罗斯基，2009）。大部分资本往往聚集在某一小部分人、某个特定阶级手里，他们对推动经济发展并不感兴趣，"就连一些实际性投资也往往是非生产性的，如豪华住宅或积压库存等"（Lippit，1987）。这个阶级的利益与经济发展相冲突，是因为在经济停滞的社会中，剥削比生产更能致富。相比英国公司法颁布时期活跃的公司数量和力量，近代中国的企业发展举步维艰，张謇筹办大生纱厂时曲折的筹资过程就是一个典型例子。某些落后地区，例如贵州遵义，直到 20 世纪 20 年代以后，才在某些行业中出现资本主义的包买商人（胡克敏，1984）。《公司律》希望引导手中有一定资金的买办商人或海外华侨等投资中国企业，因为之前他们大多选择入股外国企业。这种现象产生的根本原因还是在于对私有产权保障的担心，正如英国光荣革命之前，商人不愿将投资资本长期锁定，这种对政府权力的不信任、对自身资本风险的担心，并不是一个"有限责任"能解决的问题，涉及深层次的政治体制问题。

# 7.2 "政府执行力"比较

本书第 2 章中图 2－1 较为清晰展现了制度变迁对工业化影响的逻辑过程，其中"政府执行力"作为诺斯关于制度变迁理论三要素中"规则的执行特征"的一部分，是影响公司法作用于工业化进程的重要调节变量之一。虽然对于《公司律》的分析，因为考虑到晚清的大一统制度以及清政府当时社会控制力已式微，因此并没有重点分析其对《公司律》实施效率地区差异化的影响。但在这一章对三个国家进行横向比较，考虑"政府执行力"这个变量就很有意义了。

政府执行力的内涵很广泛，本章将其限定在与公司法相关的范围内进行分析。政府执行力与国家的政治构架、政府权力息息相关。阿西莫格鲁（Acemoglu et al.，2005）的研究发现，越专制的国家，政府对经济发展的促进作用越小。吕冰洋（2019）也认为受制约的政府权力是有助于提高政府的市场增进能力和控制动员能力的。对于早期公司法而言，受到合理制约的政府权力有利于提供可信承诺，提高政府信誉，增强产权保障，构建有效的市场机制，从而为公司法的实施奠定良好基础。

## 7.2.1 英国的"政府执行力"特征

马蒂亚奇等（Mattiacci et al.，2017）通过对比英国东印度公司和荷兰东印度公司的发展历程，发现在长达半个多世纪的时间里，荷兰东印度公司一直遥遥领先于英国东印度公司及其他国家的贸易公司（如葡萄牙、西班牙等），主要原因在于两个国家不同的政治制度模式。当时荷兰是共和制度，在对商业利益的干涉方面，中央权力有限；而英国是皇权制度，权力集中且不受限于议会，私有产权并不安全。因此两个国家的商人当同样面对巨大潜在利润的诱惑，荷兰商人愿意长期投资，不用担心其投入资本被国家征用或挪用；相比而言，英国商人则心存疑虑，只愿短期投资，资金风险相对较高。后来英国通过内战（1642～1648 年），使得皇权在战争和收税方面的权力受到极大限制，英国东印度公司的章程才开始出现资本永久锁定的条款（1657年）。1688 年的光荣革命进一步巩固了这个政治制度的变迁（North and Weingast，1989；Harris，2009；Cox，2012），也巩固了英国东印度公司的长期投资战略，英国东印度公司才开始了赶超荷兰东印度公司的过程。可见当政府权力受到制约，私有资本不能被随意征用或剥夺时，公司制中的资本聚集、长期（永久）锁定才更可能实现，并发展出活跃的证券和债券市场。

英国在内战和光荣革命之前，中央政权不够强大到能筹集足够资本开展殖民贸易，却能够依靠强权威胁到私有资本的安全性；光荣革命之后，英国建立了君主立宪制度，英国皇室的权力受到制约，有利于形成更明晰的产权和更高的合同执行度，且收税能力显著提高，政府能力反而得到提高。

## 7.2.2 日本的"政府执行力"特征

中、日在 1840 年之前都处于闭关锁国的封建统治时期。日本自 1603 年建立德川幕府以来，为了巩固统治地位，模仿中国的封建制，建立了一套完整的"幕藩体制"。1853 年，日本在西方列强的武力威胁下，丧失了领事裁判权。在这个背景下，日本政府和西方国家交涉以要求其修改不平等条约，交还治外法权；而列强提出要放弃治外法权，必须以法制改革、实施欧美法制框架为先要条件，因此日本引进包括公司法在内的一系列西方法律体系并进行法制改革。这个过程和中国在 1840 年鸦片战争之后被迫签订不平等条约、开放口岸、法制改革的过程非常相似，但在这个过程中，日本的政治体制和法制框架因重大历史事件发生了改变，而晚清政府统治下的中国则仍在延续专制传统。

日本的重大历史事件是指史上著名的"明治维新"，即幕府时代转换到明治政府时代及之后的一系列制度变革。幕府时代，日本是二元化政体传统，一方面是天皇的权位，是精神领袖，地位神圣；另一方面是将军掌握国家和军队的权力，是天皇必须支持的实际最高掌权者（杨栋梁，2017）。而到了明治政府时期，"奉还大政"之后国家权力归还天皇，但以藩为基地的倒幕派实际掌握了新政府的实权。"短短三年之中，德川幕府建立了 200 多年的幕藩体制全然消失，幕府以及数百个半独立的藩不复存在"（戈登，2017）。1868 年明治维新之后，日本经过了政治体制和法律制度方面的深刻变革。首先，明治政府着手进行宪政改革，如《维新政体书》提出"三权分立"的理念，后来"废藩置县"对官制的改革，以及太政官三院制正式成立，都为宪法制定提供了必要的条件。1875 年，天皇颁布《建立立宪政体诏书》，提出设立元老院作为立法机构，设置大审院专司审判之权，开始举行地方官会议畅通民情，通过以上举措逐步建成国家立宪政体（赵立新，2010）。这些改革的落实，标志着日本从一个封建政体转型为宪政资产阶级官僚制。明治宪法在 1889 年正式公布，标志着日本建立起君主立宪政体。这些政治体制的改革，使得国家权力分散而互相制衡，无论是天皇还是政府，其权力都限制在法制框架之内，没有绝对权力。明治维新对近代日本的意义"有如英国革命之于英国，法国革命之于法国"，因为在"王政复古"后日本"获得了一个愿意并能够实施改革的领导集团"（比斯利，2012）。图 7－2 展示了中、日在近代的发展过程，虽然都是起始于封闭的封建社会模式，但日本通过明治维新后发展成为资本主义强国，并在 1899 年颁布公司法；而清政府则步入了日渐衰弱的轨道。日本早期公司法是在甲午战争之后、日本进入强国之列的时间段颁布的，而晚清《公司律》则是在甲午战争之后、清政府日渐衰亡的期间实施的，二者在政府执行力之间的差距是显而易见的。

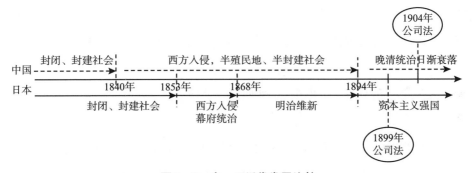

**图 7－2　中、日近代发展比较**

### 7.2.3　晚清的"政府执行力"特征

晚清政府没有足够的资本兴办实业，却完全有实力干预企业经营活动；不够强大到确保法律的执行，却能在需要的时候凌驾于法律之上，"不知法治为何物也"。这种延续下来的传统集权治理模式，既削弱了法律的权威性，又增加了"政府攫取风险"，产权得不到保障。对于中国绝大部分地区而言，封建政府的传统治理模式下，政府的权力之手是不受制约的，因此《公司律》颁布后，难以在民众中塑造成商事行为的标杆和规则，也就不能有效降低交易成本，解决当时融资难的现状和问题。晚清时期没能建立起这种第三者中立的法律裁判制度体系，影响公司模式运行的"政府攫取风险"依然存在，因此对于《公司律》的实施，晚清政府在"执行力"这一项上是没有加分的，相反，政府习惯性的权高于法的做法却能严重削弱法律的权威性、阻碍其实施效率。

# 7.3 "非正式规则"比较

"非正式规则"是影响正式规则实施的关键因素，尤其是对于移植制度而言。在政府的强制执行力既定的情况下，移植制度能否与根植于当地、传承数年的非正式规则兼容，决定了其是否能顺利实施及实施效果的大小。

## 7.3.1 英国的"非正式规则"环境特点

相比当时的中国和日本，英国的早期公司法《合股公司法》虽然在1844年第一次正式颁布，但也只是其固有的法律系统内增加的分支，并没有改变传统法律框架，所以对于涉及法律文化、法律意识等与法律相关的社会非正式规则部分，彼此之间的兼容性还是很高的。英国法律传承自罗马法，私法发达，以民法为中心，推崇个性自由和个人权利，这些都培养了有利于商业发展、企业发达的文化：追求个人利益最大化、宣扬企业家精神、推崇商业行为、重视个人的权利和自由等等。这些与英国传统法律相辅相成发展出来的文化，不仅在公司法颁布之前是创新性企业制度——公司形式产生的推动力之一，而且有助于新颁布的公司法无缝衔接到当时的商业实践中。这一点是采用移植法的中国和日本所不具备的条件。与此同时，英国法律因为对程序正当性和公正性的强调和追求，因此衍生出对律师的需求和律师制度的完善，已经发展成熟的律师制度和律师人才供给为公司法的实施提供了必要条件。此外，英国的商品经济和市场经济的发展催生了"陌生人社会"，需要有普遍的、至上的法律来调整各个主体间的关系，因此发展出"法律面前人人平等"的法治模式。法律是生活，也是权威，是以基本人权为基础、维护人的自由和尊严的构架（林毓生，1992）。法律在英国社会中的普及性和权威性为公司法颁布后的实际运用奠定了良好基础。

英国的早期公司法是遵循传统法律模式制定的对公司制的规范和要求，因此在法律形式与当地非正式规则环境的兼容方面有先天的优势，较好地利用了已有的法律体系与社会运转的良性契合。但公司法中关于"有限责任"原则是创新性的，其内涵的社会基础将极大地影响新颁布法律的实践广度和深度。英国公司法作为原发式形成的法律，不同于移植性法律，是以社会自身演进特征为基础，通过上层建筑的意识形态过滤形成的强制性规则。在公司法颁布之前，有限责任的社会实践实际上已经较为普遍，公司法只是对这种行为进行统一规范和引导。因此，虽然仍不乏反对的声音，但有限责任原则的社会实施基础已基本具备。正如斯坦利法官在提交（有限责任原则）议案决议时表示的，"议案原则没有遭到什么异议……几乎整个国家都支持它（有限责任原则）"。

总的来说，英国早期公司法颁布实施时，无论是法律形式还是法律内容，与"非正式规则"环境已经比较兼容，实施的阻力较小。

## 7.3.2　日本的"非正式规则"环境特点

法律制度的演化受法律文化的制约，同时，法律文化养成于法律制度，因此对法律文化的比较可以从法律制度基础这个源头开始分析。日本在 1899年正式颁布《公司法》，这是日本历史上的第一部公司法。不同于中国在颁布《公司律》之前，没有任何的民法或商法基础，也尚未进行宪政改革，日本在早期公司法颁布之前，已于1889年颁布《明治宪法》，进行宪政改革；同时在这个过程中，政府为了规范市场和企业，制定了关于银行、股票等的相关法律，如为了引进近代的银行制度，1872年制定了《国立银行条例》。从内容上看，该条例是日本最初的股份有限公司法（滨田道代，1999）。这个国立银行条例让日本人体会到了股份有限公司的特点和优点。因为尚未制定正式的公司法，涩泽荣一的《立会略则》一书被当作启蒙法则普遍使用（杨丽英，1998）。该书明确了股份制企业的基本宗旨和原则，确立了设立股份制企业的具体方法。因为明治政府的重视和推荐，这本书也具有了准官方的性质。之后在1874年颁布《股票交易条例》、1876年的《米商会所条例》等，根据这些条例成立了许多股份制的银行和股票交易所（见图7-3）。此后又相继建立了一些公司制企业，如日本铁道公司、日本邮船公司等。由此可见，在日本早期公司法正式颁布之前，就已经推出明治宪法及与公司形式相关的一些商事法律。宪法及法律法规采用的都是西方法律模式，因此西方法律的内涵和运用及表征的思维方式，都已经潜移默化地影响了当时的日本社会。因此，这些相关法律法规的实施，不仅为之后公司法的颁布奠定了制度基础，而且通过对当地法律文化的影响为公司法的实施奠定了"非正式规则"的环境基础。

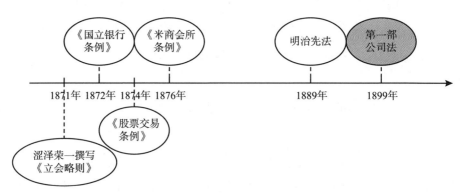

图7-3 日本公司法颁布之前的相关法制建设

在日本引进西方法律进而促进当地法律文化变迁的过程中，日本政府也发挥了积极的作用。历史上的日本法律制度曾有两次典型的变迁。第一次是7世纪的大化改新，以我国隋唐法制为学习对象；第二次是明治维新，以"脱亚入欧"为口号，借鉴德国和法国的法律制度进行改革。明治政府自1868年成立后，以"富国强兵、殖产兴业、文明开化"为改革宗旨，其中关键一项就是进行法律制度的改革。在派遣大型使团赴欧美考察后，便开启了大规模的法律移植浪潮。在日本正式实施公司法之前，已经在1880年颁布了《刑法》《日本治罪法》，以及1889年的《大日本帝国宪法》。这些法律都是典型的继受法。前两者学习自法国，而明治宪法则是以德国的《普鲁士宪法》为蓝本制定的。这一系列的法制改革，自然引起了外来法与固有法的冲突。明治政府并未漠视这种冲突，而是采取了诸多积极的措施来实现二者的协调与融合（刘怡达，2015）。针对文化结构方面的不相融问题，日本政府开始在民众中培养近代法律意识。如果说法国、德国等西方法律制度是缘起本国市民生活秩序并渐次生成的"原发成长型"法律制度，而日本（包括中国）这种从别国快速移植的"继受生成型"法律，极易引起观念和意识的混乱。为解决这个问题，一方面，明治政府通过教育、普法等途径改变民众的传统意识、培育近代法律意识；另一方面，法律实践本身也对社会进行着强烈的法律启蒙。因为继受法的实施是在国家权力作用下对社会经常性的影响，随着这种影响不断增强，人们的法律意识也会自觉或不自觉发生不同程度的改变（华夏，1992）。由此可见，在颁布公司法之前，日本民众的西方法律意识已经有比较深厚的基础。

因此，虽然中日两国都处于东亚，同属儒家文化圈，且传统上日本大规模移植中国法律、学习儒家文化并内化到自己的文化体系中，发展到19世纪初期为止，两国的传统文化和法律框架都出现高度的相似性，但在明治维新之后，日本以西方法律为目标的法律改革及并行的文化变迁，深刻改变了日本的法律建构和法律文化，使之由之前的"传统中国模式"转变成"西方模式"。同时日本政府扶持建立的一些公司制企业，也在实践中推行了西方的商业文化和市场规则。这些互相交织的非正式规则和心态，为日本公司法的顺利实施创造了合适的环境，使得这种制度移植不仅仅是"立法者的游戏"，而是真正具有了付诸实践的土壤和意义。

### 7.3.3  晚清的"非正式规则"环境特点

孟德斯鸠（1961）曾言："为某一国人民而制定的法律，应该是非常适合该国的人民的；所以如果一个国家的法律竟能适合于另外一个国家的话，那只是非常凑巧的事。"难以"凑巧"是因为不同文化塑造不同的习惯和习俗，使得不同文化熏陶下的人们对规则的要求和遵守会带有极强的本土特征（萨维尼，2001）。

传统中国的法律文化是在法律实践中沉淀和形成的。中国传统法律是公法发达，以刑法为中心，没有单独的民法或商法，强调的是惩罚，因此中国大众对于法律是敬而远之，"不沾染为幸"。中国传统法律的审判过程是通过上级权威及其价值观念来实施的，判定的原则并没有普遍性和稳定性，强调权力本位，是暴力维护道德伦常等级秩序的手段，衍生出来的是国家治理的人治特征。传统中国的自然经济将人束缚在土地上，因此基层社会是乡土性的、熟人社会，主要靠习俗、道德、习俗等来调整和规范人的行为，对于国家制定的法律是陌生的，古语讲的"天高皇帝远"就包含了这个逻辑。民众对于法律并无自觉的应用意识，更没有法律至上的法治观念，相反，人们更愿意对法律避而远之，更相信"权大于法"的政治现实。

传统中国一直延续这种法律形式和文化习俗，在1894年中日甲午战争之前，法制改革、社会改革几乎是停滞的。即使因为外界原因，有部分知识分子的法律意识已经有些许改变，但也是停留在"道与器、体与用、本与末"的传统观念中，强调西学为用、中学为体。无论是魏源的"师夷长技以制夷"还是洋务运动的"自强与求富",都只是在"道器观"这种思维下赋予西学工具价值而已。传统儒学下的政治框架、法律制度仍是最根本、不可撼动的,西方的先进技术、机器生产、军事装备等只不过是"自强"的工具。因此,虽然社会上出现了一些西方法律制度与学说的翻译版本,比如《万国公法》《公法千章》《各国交涉公法》《公法总论》等(云岭,1983),但这些书籍的传入和流行仍源于实用主义的目的,主要是为了和各国交涉所用,并没有从根本上改变当时中国传统的价值观和行为模式。正如社会学家希尔斯(1991)所言:"传统如此重要,其影响如此之大,以致人们不可能完全将它忽略掉"。因此,即使到晚清时期,法律仍是最好远离的事物,而不是大众可以利用以维护自身权益的武器。此外,西方法律中的用语、法律原则和法律观念等,与大部分中国国民的生活,尤其是农村地区或经济不太发达地区的生活秩序大相径庭,与当地社会自身运转逻辑截然不同。因此,到《公司律》颁布之时,中国大部分地区的非正式规则仍然是与自然经济、小农经济相匹配的模式,并没有演进到与商业发展、工业发展相适应的阶段。

值得注意的是,在这个总趋势下有一些例外,那就是口岸地区。这源于晚清被迫在 1843 年签订的《中英五口通商章程》。全国尚未进行宪政改革,但口岸地区逐步建立了领事裁判权制度,上海、厦门、汉口等地也设立了特别审判机构。因为这个区域性法制变革,口岸和中国其他地区的法律体系有不同的发展走向。口岸因为治外法权而建立了比较完整的类似西方的法律体系,并且其运行在当时的中国人眼里显得更加公平有效。与法律体系变迁同时发生的,还有西方商业社群和中国企业家的混合交融,提升了商业的活跃度和商人的社会地位。尽管中国商人地位的提升可以追溯到 12 ~ 13 世纪(Billy,2000),并在 16 世纪表现得更加明显(余英时,2004),但将个人追求利益最大化的商业伦理传播并得到普遍认同,从传统文化对市场行为的束缚中解脱出来,这样彻底的、新型的商业文化,只在当时的口岸地区发展出来了。这种新型的商业文化，通过激活企业家抓住潜在盈利机会的抱负和动力，给口岸的商业机制带来两方面质的变化。一方面，中国传统商业组织进行交易所依赖的网络和家族纽带，已经无法充分满足企业家所需要的机会和资源，因而开始让位于更法制化、扩大化的组织秩序和交易方式。另一方面，伴随个人主义这个概念而来的是权利观念，因而催生了对个人的法律权利以及保障这些权利的商业法律的需求（Wang，1991）。因此，口岸的正式和非正式规则体系被其独特的城市空间和结构所影响，并彼此强化。但这种活跃的非正式规则变迁仅仅局限于口岸城市中，即使口岸经济有一定的溢出效应，但总的来说其影响还是很有限的。

# 7.4 "盈利机会"的比较

经济基础决定上层建筑。如果法律制度是原发式产生，则一般与当地的经济发展状况相兼容。如果作为上层建筑的法律是继受而来的法律制度、是政府强制推行的、是超越了当时既有的经济基础，那外来法可能难以施行、效率低下。公司法是以资本主义市场经济为基础的西方法律。市场提供的潜力巨大、资本要求高的盈利机会激发企业组织形式的创新，公司制的产生源于克服有限资金的阻碍，从"陌生人"中聚集资本，抓住盈利机会。通过分析英国、中国和日本在公司法颁布时期的"盈利机会"和经济状况，进一步论证盈利机会这个变量对公司法影响工业化进展的重要性。

## 7.4.1 中、英的"盈利机会"对比

17世纪之前，中国和英国的传统经济虽有差距，但差距不是很大，主要

因为当时都以农本经济为主体、GDP 总量有限。英国在欧洲不算最发达的，西班牙、法国、荷兰都曾领先英国。但到 17 世纪，英国收入超过主要的竞争对手法国和哈布斯堡帝国，发展到 18 世纪已超过荷兰。实际上，工业革命前夕的英国，就已经是一个高度商业化、发达成熟的经济体（Floud et al.，2014）。18 世纪下半叶开始的工业革命，英国启动工业化进程，更是继续一路领先，中、英之间的差距也急剧增大（见表 7－1、表 7－2 和图 7－4）。到 19 世纪中叶，英国已经远远领先中国及世界其他国家。也就是说，到英国颁布第一部公司法（1844 年）的时期，英国已经处在经济和工业的繁盛时期。而中国这个时期才刚开始门户开放、准备发展新式工业。之后虽然在口岸地区相继出现官办、民营的机器工业及新设手工业，1910 年的工业总产值比 1850 年增加了 2%，但因为人口的增加，这一时期的人均工业产值反倒出现了些许的下降（徐毅等，2016）。表 7－1 和表 7－2 都比较清晰地展现了这个趋势。

表 7－1　　　　　　　　　　中、英人均工业产值比较　　　　　　　单位：2005 年美元

| 国家 | 1850 年 | 1880 年 | 1890 年 | 1900 年 | 1910 年 |
|------|---------|---------|---------|---------|---------|
| 中国 | 19 | 20 | 15 | 14 | 16 |
| 英国 | 539 | 1085 | 1159 | 1359 | 1430 |

资料来源：徐毅等（2016）。

表 7－2　　　　　　中、英工业在世界工业总增加值中的比重　　　　　　单位：%

| 国家 | 1850 年 | 1880 年 | 1900 年 | 1920 年 |
|------|---------|---------|---------|---------|
| 中国 | 7.2 | 3.5 | 1.4 | 1.1 |
| 英国 | 18.7 | 20.1 | 16.5 | 21.8 |

资料来源：徐毅等（2016）。

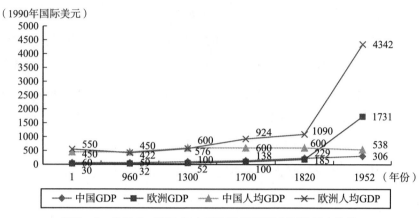

图 7 - 4　公元 1～1952 年中国和欧洲经济水平的历史比较

注：欧洲统计数据不包括土耳其及俄罗斯等国家。GDP 和人均 GDP 的单位为 1990 年国际美元。
资料来源：安格斯·麦迪森（2011）。

英国自 17 世纪开始的社会经济发展，从人口增长和城市化进程等方面显现出来。从 16 世纪中期开始，英国的人口开始了长期的增长状态。尤其是在工业革命时期，人口数量翻倍。这种增长在英国没有先例，在欧洲历史上也无前例（Floud，2014）。重要的是，在这个时期，英国的人口结构也经历了从农业向工业的变迁（丁亮，2020）。到 1800 年，英国的纯农业人口比例下降到 35%，是欧洲纯农业人口比例最低的国家。之后持续下降，到 1841 年只有 23%，1890 年只有 10.2%（Allen，2009）。伴随着纯农业人口下降的是城市人口和农村非农人口的上升，其中城市人口由 1500 年的 7% 上升到 1800 年的 29%，农村非农人口从 1500 年的 18% 增长到 1800 年的 36%。有学者认为，从 15 世纪中期开始的工业革命前期阶段，英国的工业产值增长了 5 倍多，人均产量翻了一番，很大程度是从农业到工业的劳动力结构再分配的结果（丁亮，2020）。这段时期英国的城市化速度也很快。1500～1700 年，伦敦的人口就增长了 10 倍，这源于商业和贸易发展产生的对劳动力的需求。城市的专业化分工越来越细化，到 1700 年伦敦已经有 700 多种职业（Person，2015）。到 18 世纪末，都铎王朝以来由小农、乡绅、工匠、商人组成的传统社会结构渐趋瓦解（邹穗，1998）。

相比而言，近代中国在 1840 年第一次鸦片战争之前，还一直是比较稳定的农本经济。鸦片战争之后的晚清被迫开放门户，于是通商口岸和开埠城市开始发展起来。美国学者施坚雅（2000）估计，1843 年的中国城市化率为5.1%，发展到 1893 年，城市化率为 6%。另外有学者估计 1893 年的城市化率是 8.2%（比施坚雅估计的高了两个多百分点），到 1901 年大概到了 9.8%（李蓓蓓等，2008）。也就是说到 1900 年，中国还有 90% 左右的人口是在农村的，而英国只有不到 10%。英国的人均收入在 19 世纪后半期一直保持在中国人均收入的 20 倍以上，在一战后甚至达到 30 倍以上。可见彼时的中国城市化率极低、经济极其落后。

1894 年的中日甲午战争是中国近代工业化、城市化发展史上的一个分界点。因为在此之前西方企业不能直接设厂，只能从事贸易，因此口岸经济也是主要以商业为主，城市化对农村人口的吸附力不足。美国学者墨菲（1987）在关于近代上海发展的著作中就提到，"尽管 1843 年到 1895 年间由于外国人创办的经商机构的结果，人口增加了一倍，但是如果跟 1895 年之后伴随着市内工业发展而造成的人口激增相比，那么早期的增长就显得微不足道了"。上海作为首批开埠且迅速崛起的条约口岸尚且如此，其他城市吸纳农村人口的能力就更为有限了。因为工业化程度有限，近代新式工业的产值在工农业总产值中比例不超过 10%，而农业和手工业占据 90% 左右，因此城市拉力明显疲乏。甲午战争之后，民族工商业获得发展契机，数量、规模都较之前有了提高。当时的上海、天津、武汉和广州这样的口岸城市，是近代中国发展较快的工商业地区。尤其是上海，在 1847 年的时候，其城市人口大概是 23 万，发展到 1905 年已达到 135 万（谢俊美，1980）。通商口岸的聚集效应使得人口向这些城市迁移，短短几十年就突破百万。不过可惜的是，像这样快速发展的大城市，当时数量非常有限，集中在几个口岸地区，因此对整个中国的推动作用和带动效应不大。其他中小城市发展十分缓慢，甚至有些出现衰败，农村地区更是在重复着传统的生产方式和经营方式，城乡之间差异化发展的态势愈发地明显和定型，城乡二元结构也由此开始（何一民，2004）。

由此可见，《公司律》颁布之际的中国和《合股公司法》颁布之时的英国，在经济发展状况方面有天壤之别。《合股公司法》颁布时候的英国，已经经历了工业革命，工业化发展已经相当成熟，经济繁荣、资金丰沛，企业数量繁多，市场的需求就是对公司设立放开限制、对其运营进行规范性管理，这样才有利于公司制的进一步普及和长远发展。《合股公司法》就是针对这个需求而产生的。反观《公司律》制定时候的中国，工业企业零星产生、工业化尚未起步，商品经济仅仅在开放口岸得到发展。广袤的内陆地区，小规模自然经济仍占据着主体地位。企业数量有限，分布极不平衡，基本都集中在口岸地区。在这个状态下，晚清中国最大的盈利机会就是来自进出口贸易这个新兴商业领域了，当时的资金也大都是围绕这个方面。因此相比而言，口岸地区最有可能需要公司制来筹集资金、参与进出口贸易，也最需要公司法来对公司设立和运营进行规范，减少交易费用。

## 7.4.2　中、日的"盈利机会"对比

日本在 1899 年颁布第一部公司法，中国是 1904 年颁布第一部公司法，二者相差的时间并不是很远，但颁布之前的资本主义经济发展程度已经非常不同。在这个法律变革阶段，中国的资本主义才刚刚开始萌芽，处于弱势。而同时期日本的资本主义企业已经发展到相当规模：在明治维新（1868 年）之前，以"三都"为核心的商品经济发展就已形成了地方市场经济圈，出现了普遍的家庭手工行业和少数工场手工业，显示资本主义生产关系已经大量涌现，许多生活在经济发达农村的农民，基本实现了脱离农业生产活动（杨栋梁，2017）。明治政府建立后，奉行"殖产兴业"政策，采取了一系列发

展资本主义的措施，大力扶持近代工商业的发展。1869 年，日本政府相继创办官民合营的通商公司与汇兑公司。之后到 1892 年的这段时间，日本共建立了 5600 多家公司，总投资额为 2.89 亿日元，平均每年有 225 家公司成立，每家公司的资本近 1100 万日元，相当于中国的 700 多万两白银（樊百川，2003）。相比而言，晚清的洋务运动虽然还早几年开始，但到 19 世纪 90 年代，总共只兴办了大约 60 个近代企业，总投资大概 5300 万两白银，其中军事工业 21 个，投资 3700 多万两，相当于平均每年 2 个近代企业，每个投资 170 余万两。即使加上晚清政府特批的官督商办的民族资本主义企业，也不过共有 120 多个，合计投资约 5800 余万两；平均每年 4 个近代企业成立，每个投资额不到 200 万两（樊百川，2003）。由此可见，在首部公司法颁布之前，日本和中国的经济发展水平已经不在一个层次上了。日本的资本主义经济得到相当充分的发展；而中国的商品经济发展仍局限于局部区域、少数城市，全国大部分地区仍以自给自足的小农经济为主，大多数人的意识仍停留在农业时代，对法律、法律改革漠不关心。

总的来说，传统中、日的政治结构、经济基础和文化理念在很长的时间里都存在极大的相似性，但两个国家在引入公司法后，其实施效果却差别巨大。其中的原因何在？本章通过比较分析，发现导致这种差异的关键点在日本的明治维新运动。明治维新的目标是"脱亚入欧"，在强有力的明治政府的主导下，日本在政治体制、经济发展以及法律意识等方面都进入了以欧美国家为模板的变革通道，因此发展到公司法颁布之时（1899 年），日本在政治上已经建立了稳定的君主立宪制，将君王的权力限制在宪法规制之中；经济上已经发展出较为完善的资本主义经济结构；文化上已经培育了民众较为成熟的西方法制意识。这些方面的系统性、综合性变迁已为日本公司法发挥作用奠定了良好的基础。正如波斯纳（1994）的论述："法律并非一个自给自足的演绎体系，而是一种实践理性活动……是对尽可能多的因素的综合性思考基础上的判断"。而晚清时期的中国，虽然移植了西方法律制度，实现了法律本身的改革——"法律与自己过去的决裂"，但其赖以生存的社会尚未转型，因此移植的"新"法律难以与"旧"的社会形态融合并发挥效用。本章的中日对比也深刻地证明，法律移植并没有错，日本的成功证明了后进国家效仿先进国家、移植法律制度具有正当性和必要性，而晚清的案例则说明不仅需要移植先进法律，同时也需要主动对法律制度生存的"土壤"进行相应的改革和转型。

## 7.5　本章小结

通过对中国、英国和日本早期公司法的制定颁布过程，以及颁布时的政府执行力、非正式规则环境和盈利机会等的对比分析，本章揭示了制度只有和当时的社会"土壤"相匹配，才能发挥其先进作用。原发式生成的制度，其内容是通过数次试错、群体间不断博弈才得以最终确立，因此过程可能会相对漫长而曲折。但也是在这个过程中，制度和其政治、经济、社会环境在磨合中实现了融合和匹配，因此其实施过程相对会比较顺利，实施结果也更能如期乐观。相比而言，移植法律虽然是对已有先进制度的"拿来主义"，拿来的过程似乎简单很多，但实施过程、本土化过程却相对复杂。这个制度的本土实施方式及所体现的观念、思维等是否和移植国家的社会秩序、文化根基、习俗习惯等非正式规则环境相匹配，都决定其能否深入到移植国家发挥本身的作用。对于在移植过程中起到重要作用的非正规制度环境，诺斯（Douglass C. North，2014）有非常经典的阐述：

> 非正规制度本身就是很重要的（而并非只是简单地作为正规制度的附庸），关于这一点，可以从以下的观察中得到证实。同样的正规制度和（或）宪章，加诸不同的社会，往往得到不同的结果。不连续的制度变迁，如革命、武装入侵或征服等，自然也能产生新的结果。但最令人

震惊的莫过于：在规则完全改变的情况下，原有社会中许多东西还是能够存续下来。

诺斯在对非正规制度的描述中，"最令人震惊"情况的产生多源于制度移入国没有适合被移植制度生存的"土壤"，移植中的供体和受体之间不能相容，因此形同虚设，只是"当权者的游戏"。非正式规则是本国国民在传统文化和习俗滋养下所形成的在基本用语、观念、逻辑结构、思维方式以及生活秩序等方面的特征和习惯，这些特征的力量非常强大，且形成惯性，也是我们常说的"路径依赖"。移植制度如果想要改变现有的秩序，内在社会的需求、外在政府的强制力以及对摩擦时间的容忍等，缺一不可。从本章对三个国家早期公司法的实施过程和实施环境分析可以看出，无论是哪个国家，公司法能发挥积极作用的条件要求是一致的。晚清和日本常被误认为初始条件相似但实施结果不同，但深入史实剖析后发现，日本在实施公司法时，其政府执行力、非正式规则以及盈利机会等都体现出更接近英国的条件、远离晚清的状况，而改变日本发展轨迹、向西方国家靠近的是 19 世纪中叶的明治维新。

通过三个国家的对比分析，更能看清晚清《公司律》的移植，对于中国大部分地区确实存在超前性：当时中国大部分地区的经济发展和文化变迁都没有跟上制度移植的步伐，因此内在需求不够；同时晚清政府已经政治衰弱、缺乏社会控制力，对新法律的强制执行力也不够，由此决定了公司法这个舶来品与当时的中华"土壤"难以相容，就像两条平行线，难以互相发生作用。但是在这个大趋势下，口岸地区因为早期不公平条约被迫开放，西方制度的渗透和西方商业的入驻，被动地实现了近代工业的诞生和非正式规则变迁，为公司法的实施提供了合适的环境，因此口岸地区可以明显观察到公司法对当地工业化发展的推动作用。但这种作用因为复杂的政治、经济结构，也限制了其在中国更广阔土地上辐射的潜力。

# 第 8 章

# 结论与启示

晚清《公司律》一直是一个尴尬的存在，虽然在中国的法制史、经济史上，其理论意义、社会意义重大，但似乎这种积极作用仅仅局限于"意义"层面，在现实层面其影响几乎可以忽略，主要在于它所承载的期望和实际情况相差太远，而《公司律》本身的缺陷似乎正好解释这种令人失望的结果。在这种逻辑下，《公司律》一直是作为一个制度移植不成功的案例。① 本书认为，在对《公司律》的作用效果进行整体观察的同时，也应该观察一些局部不同的现象。循着图 2 - 1 展示

---

① 也有个别学者为《公司律》正名，比如杜恂诚（2017）在其文章《近代中国经济发展中的成文法与习惯法》中指出，"《公司律》在结构上的缺陷，是因为制定者过分突出重点而造成的……想要突出某项法条，而对其他法条不够重视，这是在各国法律制度演进过程中经常会看到的情况"，"至于清政府自己无视商律……如果政治制度不变革，以权代法的事情是不可能根绝的"。

的公司法影响公司组织形式产生和发展的逻辑链条，可以从"政府执行力""非正式规则"和"盈利机会"三个方面对晚清版图进行分区检视。考虑到清政府在 20 世纪初期的社会影响力和控制力已经非常衰弱，因此"政府执行力"这一点可以暂不考虑。对于适合《公司律》这个舶来法律的非正式规则环境和可能有较好盈利机会的地区，通商口岸应该可以进入比较范围。因此，本书的研究起点就从对通商口岸的《公司律》实施效果验证开始。理论分析和实证研究都表明，《公司律》虽然在全国范围内效果乏善可陈，但在口岸地区展现了显著不同于其他地区的实施效率。这个检验结果不仅说明"制度是重要的"，而且为继续深入研究"制度在何时何地产生影响"的具体课题提供了有趣的自然实验。

# 8.1 结　　论

## 8.1.1　关于公司法移植中正式规则与非正式规则的兼容

制度移植不同于制度创新，虽然二者都导致制度变迁。制度移植强调制度变迁空间的跨越性，而制度创新强调制度变迁时间的连续性（李健，2020）。制度移植因为空间跨越性可能会带来环境差异性、实施过程的融合性、时间的突发性等种种可能的问题，以致移植不成功。鉴于非正式规则在当地形成的漫长过程、培养的支持性利益集团、沉淀成的价值观和社会意识、习惯和习俗，以及这些种种因素交织形成的当地行为习惯的路径依赖，都对移植制度的施行是一个巨大的挑战和考验。如果移植的正式制度和当地的非正式制度是融合的，则其实施相对会比较顺利；如果二者是截然不同的，则移植制度会受到当地的抵制和排斥也是理所当然。

晚清时期中国是比较典型的二元结构，即美国经济学者刘易斯定义的国民经济中传统农业与现代工业的结合。具体而言，吴承明（1996）认为是口岸城市和内地农村的对立。这种二元结构形成的历史原因是中国普遍地区原有生产力低下，部分地区受到现代经济的刺激，形成了口岸工业和内地传统经济的截然不同的分布。广大农村地区封闭落后、封建经济关系大量存在，在这种具体背景下颁布的《公司律》，对于当时中国的大部分地区的制度需求而言，显然是超前的，难以发挥作用也是正常的。而口岸地区受西方思想文化的影响，对商人和商业行为赋予了崭新的意义，对西方市场经济和企业家精神越来越推崇，因此形成了适合舶来法律《公司律》实施的非正式规则环境，促进了当地工业的进一步发展。

## 8.1.2　关于公司法移植中政府执行力的影响

制度移植是在原有的制度体系中对新移入制度的内部化和融合化过程，其遇到的阻力如果靠自身难以克服，就需要政府的强制执行力来完成。本书对这一点着笔不多，因为晚清政府的影响力和执行力已经比较微弱，且全国范围内差别不大，因此对于本书关于"公司法实施效率地区差异性"主题研究的关联性不大，无过多讨论的意义。另外，必须指出的是，虽然晚清政府当时的社会控制力式微，但《公司律》实施时，清政府时常无视商律，以权代法，严重影响了法律制度的权威性。清政府这种执行力、影响力衰弱与恃权弃法、以权压法的行为同时存在，从根本上源于统治阶层习惯于依权行事，"尚不知法治为何物也"。虽然《公司律》的出台实际上宣示了一种经济自由和平等权，因为无论是关于公司设立的准则主义原则，还是规定无论官办、商办或官商合办的公司均应"一体遵守"《公司律》，都没有给特权阶级留下特殊活动的余地，但封建政府依照传统惯例和习惯思维，依然认为权高于法。由此可见，清政府在制定和颁布《公司律》之前，并没有认真思考法律的本质和社会意义，而只是希望借用这个工具促进工业发展和经济增长，更好地巩固自身的统治地位。对自身状况认识不清、对先进制度漠不关心，导致清政府丧失了充分发挥公司法这种先进制度的机会。

### 8.1.3 关于公司法的移植与盈利机会

制度是一种行为准则，公司法是一种社会经济活动的准则，是新的经济规律内在要求的制度化体现，也是新的经济活动发展到一定阶段的产物。公司法这个"游戏规则"是对市场上兴起的公司组织形式展开经济活动的回应，引导和规范公司发挥其优势、更好地把握盈利机会。17～18世纪世界现代经济兴起的三大因素，包括国际贸易、产权等制度变革以及生产技术创新（樊卫国，2001），其中国际贸易的扩大是最初始的因素。晚清时期中国的经济发展也脱离不了这些因素，因此国际贸易成为当时新兴的最具潜力的盈利机会。明、清的几度禁海闭关使得当时的中国市场发展被遏制、经济活力沉寂，鸦片战争后才被迫打开部分国门，西方列强和世界经济运动同时介入了中国的历史进程。这两种力量一起渗入口岸地区，与中国的本土因素交汇，塑造了口岸地区独特的早期市场经济。《公司律》的横空出世，便是清政府希望借用这个工具，在早期的市场经济中能击退西方资本，"保利权"，"与洋商争衡"。因此鉴于口岸地区在国际贸易方面的先天优势（沿海、沿江）和后天优势（条约开埠），其对《公司律》的制度需求相比内地地区更为强烈。口岸地区国际贸易带来的盈利机会，是连接《公司律》发挥效力与工业化发展之间的重要中介变量，是《公司律》能移植成功的动力，也是工业化进程的推动力。一个国家的经济发展，应该善于利用各种有利的盈利机会。

# 8.2 启　示

　　制度移植是世界上许多后发国家和地区制度发展过程中的常见现象。近代中国的晚清政府试图通过对公司法的移植，推动公司形式的普及，发展大规模生产，进而促进工业发展和经济繁荣，遗憾的是这个过程因为清政府的灭亡而终结，公司法也没有更长的时间展示其作用的可能性。海纳百川、有容乃大，制度的长期发展既需要承袭传统，也需要借他山之石开拓创新。晚清的公司法移植开辟了一条会通中外发展本国特定制度的路径。从某种意义上说，我们现在仍在这条道路上不断探索和总结。因此，回顾百年前晚清的公司法移植，无论经验或教训，不仅有助于知古鉴今，更重要的是这种反省能让我们理解自身的缺失究竟何在（邓峰，2009），进而为中国经济发展方面的长期制度设计和实践提供宝贵的启示。

　　整体而言，晚清《公司律》是一个利用盈利机会推动制度移植和经济发展的案例，但却不是一个成功的案例，在中国大部分地区其激起的水花十分有限，但在这个"大"结论下，有些"小"地方的特殊表现也是不容忽视、值得关注的。本书通过对《公司律》在口岸地区实施效率的估算，发现其在口岸地区展现了令人印象深刻的推动工业化发展的积极作用，不过因为口岸数量有限、口岸经济在当时整个国民经济中占比不大，所以并没有扭转《公司律》的整体评价。但对《公司律》在这些地方中作用机制和实施效果的探索，却是具有深远的理论意义和现实启示的。

　　清政府在移植西方民商法律时，要求制定者遵循"注重世界最普通之法则""原本后出最精确之法理"的指导思想，说明已经意识到制度，尤其是先进制度的重要性。但舶来的《公司律》并没有创造出"参考古今""会通中外"的和谐共生新体系，实施效率也远不如预期。当初的晚清政府一味地认为"拿来"最先进的制度就可以奇迹般地解决社会、经济问题,显然忽略了本土社会的特征以及制度移植的复杂性,"没有弄清彼之所长、我之所短究竟是什么,以及落实彼我长短的具体而又有效的办法"(苏亦工,2000)。移植制度是否具有生命力、能够存活下来,并不取决于当权者的意愿,也不取决于精英们的理想设计,而是最终取决于移植制度与本土非正式规则环境的碰撞过程,取决于社会需要以及移植制度与社会各要素的互动。《公司律》在口岸和非口岸地区实施效率的差异就论证了这一点。

百余年前《公司律》因为实施"失败"引发关于舶来法和固有法之间取舍的讨论,甚至发展到现在,当今的人们仍面临着同样的选择难题:在借鉴西方制度的"西化论"与固守传统制度的"本土论"中探索与抉择。本书通过对《公司律》实施效率地区差异的探索和研究,试图说明即使我国是历史悠远、文化积淀深厚的国家,移植的规则也是能融入当地并发挥积极作用的,关键在于正式规则对非正式规则的尊重、非正式规则对正式规则的兼容。吸纳传统社会规则与移植外来制度同样是一个国家制度发展进步的必然途径,重要的是,正式规则的移植不应仅仅受限于某一经济或政治目标,或只是实现这个目标的工具,更应对移植制度背后的原则和范式在理论层面进行重组,将本土文化传统和外来制度在知识上形成整合、扬弃,完成知识在理论上的体系化,才可能使得移植的规则不仅仅是文字上的搬来搬去,更是在实践中真正完成从规则到制度再到文化层面的转变。

# 参 考 文 献

[1] 埃里克·菲路博顿，鲁道夫·瑞切特. 新制度经济学：一个交易费用分析范式 [M]. 上海：上海三联书店，2006.

[2] 艾伦·特拉登堡. 美国的公司化 [M]. 北京：中国对外翻译出版公司，1990.

[3] 安格斯·麦迪森. 中国经济的长期表现：公元 960—2030 年 [M]. 上海：上海人民出版社，2011.

[4] 安德鲁·戈登. 现代日本史：从德川时代到 21 世纪 [M]. 北京：中信出版社，2017.

[5] 保尔·芒图. 十八世纪产业革命 [M]. 北京：商务印书馆，1983.

[6] 保罗·柯文. 在中国发现历史：中国中心观在美国的兴起 [M]. 林同奇，译. 北京：中华书局，1989.

[7] 滨田道代. 日本公司立法的历史性展开 [C]//北泽正启先生论文集. 商事法务研究会，1999.

[8] 滨下武志. 中国近代经济史研究：清末海关财政与通商口岸市场圈 [M]. 南京：江苏人民出版社，2003.

[9] 滨下武志. 中国近代经济史研究：上 [M]. 南京：江苏人民出版社，2008.

[10] 曹全来. 国际化与本土化：中国近代法律体系的形成 [M]. 北京：北京大学出版社，2005.

［11］曹树基．中国人口史：第五卷：清时期［M］．上海：复旦大学出版社，
2001．

［12］查理德·波斯纳．法理学问题［M］．苏力，译．北京：中国政法大学
出版社，1994．

［13］陈计尧．1900—1936年扬子江下游的稻米和面粉市场［M］//苏基朗．
近代中国的口岸经济：制度变迁与经济表现的实证研究．杭州：浙江
大学出版社，2013．

［14］陈锦江．清末现代企业与官商关系［M］．王笛，等译．北京：中国社
会科学出版社，2010．

［15］陈平谦，等．近代英国在华直接投资评析［M］//吴景平，等．近代中
国的经济与社会．上海：上海古籍出版社，2002．

［16］陈旭麓．中国近代社会的新陈代谢［M］．上海：上海人民出版社，
1992．

［17］道格拉斯·C. 诺斯，罗伯特·托马斯．西方世界的兴起［M］．厉以
平，等译．北京：华夏出版社，2017．

［18］道格拉斯·C. 诺斯．制度、制度变迁与经济绩效［M］．杭行，等译．
上海：格致出版社，上海三联书店，上海人民出版社，2014．

［19］邓峰．经济政策、经济制度和经济法的协同变迁与经济改革演进［J］．
中国人民大学学报，1998（2）：51－56．

［20］邓峰．清末变法的法律经济学解释：为什么中国学习了大陆法？［J］．
中外法学，2009（2）：165－186．

［21］邓宏图．历史上的"官商"：一个经济学解释［J］．经济学（季刊），
2003（2）：531－554．

［22］邓洪波．中国书院史［M］．北京：东方出版中心，2004．

［23］丁亮．英国工业革命时期的经济发展和人口变迁［M］//陈晓律．英国
研究：第11辑．上海：上海人民出版社，2020：84－95．

［24］杜恂诚.近代中国经济发展中的成文法与习惯法［J］.贵州社会科学，2017（5）：115－123.

［25］杜恂诚.民族资本主义与旧中国政府（1840—1937）［M］.上海：上海社会科学院，1991.

［26］E.希尔斯.论传统［M］.傅铿，等译.上海：上海人民出版社，1991.

［27］恩格斯.英国工人阶级状况［M］//马克思恩格斯全集（第二卷）.北京：人民出版社，1957.

［28］樊百川.清季的洋务新政：第1卷［M］.上海：上海书店出版社，2003.

［29］樊如森.天津港口贸易与腹地外向型经济发展：1860—1937［D］.上海：复旦大学，2004.

［30］樊卫国.激荡中生长：上海现代经济兴起之若干分析：1870—1941［D］.上海：华东师范大学，2001.

［31］樊卫国.近代上海的市场特点与口岸经济的形成［J］.上海社会科学院学术季刊，1994（2）：33－42.

［32］樊卫国.制度背后还有什么［N］.社会科学报，2017－03－23（5）.

［33］范键，王建文.商法基础理论专题研究［M］.北京：高等教育出版社，2005.

［34］方流芳.公司词义考：解读语词的制度信息［J］.中外法学，2000（3）：277.

［35］方流芳.中西公司法律地位历史考察［J］.中国社会科学，1992（4）：153－170.

［36］方书生.近代中国工业化的渐变与突变［J］.上海经济研究，2022（7）：117－128.

［37］方书生.近代中国工业体系的萌芽与演化［J］.上海经济研究，2018（11）：114－128.

［38］费维恺．中国的早期工业化：盛宣怀（1844—1916）和官督商办企业［M］．虞和平，译．北京：中国社会科学出版社，1990．

［39］费正清．中国：传统与变迁［M］．张沛，等译．长春：吉林出版集团有限责任公司，2008．

［40］封丽霞．法典编撰论：一个比较法的视角［M］．北京：清华大学出版社，2002．

［41］弗里德里希·卡尔·冯·萨维尼．论立法与法学的当代使命［M］．许章润，译，北京：中国法制出版社，2001．

［42］高超群．中国近代企业史的研究范式及其转型［J］．清华大学学报（哲学社会科学版），2015（6）：143 - 155．

［43］高家龙．大公司与关系网：中国境内的西方、日本和华商大企业（1880—1937）［M］．程麟荪，译．上海：上海社会科学出版社，2002．

［44］高家龙．中国的大企业：烟草工业中的中外竞争［M］．北京：商务印书馆，2001．

［45］戈登·雷丁．华人资本主义精神［M］．谢婉莹，译．上海：世纪出版集团，2009．

［46］关文斌．如何管理市场、企业组织与关系网：久大盐业有限公司，1917—1937［M］//张东刚．世界经济体制下的民国时期经济．北京：中国社会科学出版社，2005．

［47］管汉晖，刘冲，辛星．中国的工业化：过去与现在：1887—2017［J］．经济学报，2020（3）：202 - 238．

［48］郭成伟．中国法律近代化的路径：中国法律的变革与外来法律资源的本土化［J］．金陵法律评论，2001（2）：77 - 88．

［49］郭瑞卿．略论近代中国公司法律制度［D］．北京：中国政法大学，2002．

［50］郝延平．十九世纪的中国买办：东西间的桥梁［M］．李荣昌，等译．上海：上海社会科学院出版社，1988．

[51] 何一民. 近代中国城市发展与社会变迁：1840—1949 年 ［M］. 北京：
科学出版社，2004.

[52] 贺水金. 论中国工业化初期 FDI 的溢出效应：基于近代上海中外资企
业关系的分析 ［J］. 上海经济研究，2020（12）：113 – 124.

[53] 洪葭管，张继凤. 近代上海金融市场 ［M］. 上海：上海人民出版社，
1989.

[54] 胡勃. 近代中国第一部公司法：1904 年的《公司律》研究述论 ［J］.
中国矿业大学学报（社会科学版），2009（12）：51 – 54.

[55] 胡克敏. 贵州军阀统治时期的资本主义工业 ［J］. 贵阳师院学报. 1984
（3）：15 – 23.

[56] 华夏. 传统法律文化与继受法的双重变奏：兼谈现代日本的传统法律
意识 ［J］. 比较法研究. 1992（2）：51 – 61.

[57] 黄绍伦. 移民企业家：香港的上海工业家 ［M］. 张秀莉，译. 上海：
上海古籍出版社，2003.

[58] 黄逸峰. 关于旧中国买办阶级的研究 ［M］//黄逸平. 中国近代经济史
论文选. 上海：上海人民出版社，1985.

[59] 黄宗智. 中国经济史中的悖论现象与当前的规范认识危机 ［J］. 史学理
论研究，1993（1）：42 – 60.

[60] 吉尔伯特·罗兹曼，中国的现代化 ［M］. 国家社会科学基金"比较现
代化"课题组，译. 南京：江苏人民出版社，1988.

[61] 季立刚. 民国商事立法研究：1912—1937 ［D］. 上海：华东政法大学，
2005.

[62] 江平. 新编公司法教程 ［M］. 北京：法律出版社，1997.

[63] 江眺. 公司法：政府权力与商人利益的博弈 ［D］. 北京：中国政法大
学，2005.

[64] 姜铎. 如何看待旧中国半殖民地半封建的经济形态 ［N］. 文汇报，

1982 – 07 – 05.

[65] 杰弗里·M. 伍德里奇. 计量经济学导论: 现代观点 (第5版) [M]. 张成思, 等译. 北京: 中国人民大学出版社, 2015.

[66] 今井洁, 浅木慎一. 法典争论与国产公司法的成立 [C]. 北泽正启先生论文集. 商事法务研究会, 1999.

[67] 康芒斯. 资本主义的法律基础 [M]. 北京: 商务印书馆, 2006.

[68] 柯武刚, 史漫飞. 制度经济学: 社会秩序与公共政策 [M]. 韩朝华, 译. 北京: 商务印书馆, 2004.

[69] 科大卫. 公司法与近代商号的出现 [J]. 中国经济史研究, 2002 (3): 61 – 72.

[70] 劳伦·本顿、吕亚萍. 法律与殖民文化: 世界历史的法律体系 (1400— 1900) [M]. 周威, 译. 北京: 清华大学出版社, 2005.

[71] 劳伦斯·M. 弗里德曼. 法律制度: 从社会科学角度观察 [M]. 李琼英, 译. 北京: 中国政法大学出版社, 1994.

[72] 李蓓蓓, 徐峰. 中国近代城市化率及分期研究 [J]. 华东师范大学学报 (哲学社会科学版), 2008 (3): 34 – 41.

[73] 李超. 日本公司法的历史变革: 1898—2005 [J]. 沈阳大学学报 (社会科学版), 2012 (6): 810 – 813.

[74] 李华兴. 民国教育史 [M]. 上海: 上海教育出版社, 1997.

[75] 李健. 近代中国公司法律制度演化研究 [D]. 沈阳: 辽宁大学, 2020.

[76] 李时岳, 胡滨. 从闭关到开放: 晚清 "洋务热" 透视 [M]. 北京: 人民出版社, 1988.

[77] 李文治. 明清时代封建土地关系的松懈 [M]. 北京: 中国社会科学出版社, 1993.

[78] 李秀清. 中国近代民商法的嚆矢: 清末移植外国民商法述评 [J]. 法商研究, 2001 (6): 126 – 140.

［79］李艳鸿. 论清末公司立法［D］. 合肥：安徽大学，2005.

［80］李玉，熊秋良. 论清末的公司法［J］. 近代史研究，1995（2）：95 – 107.

［81］李玉. 晚清公司制度建设研究［M］. 北京：人民出版社，2002.

［82］李玉. 中国近代股票的债券性：再论官利制度［J］. 南京大学学报（哲学·人文科学·社会科学），2003（3）：73 – 80.

［83］李泽厚. 中国近代思想史论［M］. 北京：生活·读书·新知三联书店，2008.

［84］厉以宁. 西方经济史探索［M］. 北京：首都师范大学出版社，2010.

［85］厉以宁. 资本主义的起源：比较经济史研究［M］. 北京：商务印书馆，2003.

［86］林毓生. 中国传统的创造性转化［M］. 北京：生活·读书·新知三联书店，1992.

［87］刘佛丁，王玉茹. 中国近代的市场发育与经济增长［M］. 北京：高等教育出版社，1996.

［88］刘佛丁. 制度变迁与中国近代的工业化［J］. 南开经济研究，1999（5）：64 – 72.

［89］刘广京. 英美航运势力在华的竞争：1862—1874［M］. 邱锡嵘，等译. 上海：上海社会科学院出版社，1988.

［90］刘静，何捷，徐苏斌. 中国近代城市工业时空演变分析［J］. 城市规划，2021（9）：79 – 88.

［91］刘秋根. 十至十四世纪的中国合伙制［J］. 历史研究，2002（6）：109 – 122.

［92］刘怡达. 固有法与外来法的冲突与融合：从日本明治时期变法谈起［J］. 中山大学法律评论，2015（3）：165 – 182.

［93］卢现祥. 西方新制度经济学［M］. 北京：中国发展出版社，2003.

［94］鲁道夫·吕贝尔特.工业化史：中译本［M］.上海：上海译文出版社，
1983.

［95］吕冰洋，台航.国家能力与政府间财政关系［J］.政治学研究，2019
（3）：94 – 107.

［96］罗伯特·昂格尔.现代社会中的法律［M］.吴玉章，周汉华，译.北
京：中国政法大学出版社，1994.

［97］罗纳德·拉尔夫·费尔莫理.现代公司法之历史渊源［M］.虞政平，
译.北京：法律出版社，2007.

［98］罗威廉.汉口：一个中国城市的商业和社会：1796—1889［M］.江溶，
鲁西奇，译.北京：中国人民大学出版社，2005.

［99］马德斌.近代上海的崛起：1900—1936：一个制度的视角［M］//苏基
朗，马若孟.近代中国的口岸经济：制度变迁与经济表现的实证研究.
杭州：浙江大学出版社，2013.

［100］马建兴，高志玲.商观念的转变与近代中国公司立法［J］.法律文化
研究，2006（0）：142 – 157.

［101］马克思，恩格斯.马克思恩格斯全集［M］.北京：人民出版社，1975.

［102］马克思.资本论：第3卷［M］.北京：人民出版社，1975.

［103］马敏.商事裁判与商会：论晚清苏州商事纠纷的调处［J］.历史研究，
1996（1）：40 – 55.

［104］马敏.19世纪的贸易危机与近代重商主义之勃兴［C］//"十九世纪中
国的危机"国际研讨会论文.北京大学，2007.

［105］梅慎实.现代公司机关权力构造论［M］.北京：中国政法大学出版
社，1996.

［106］梅因.古代法［M］.北京：商务印书馆，1959.

［107］孟德斯鸠.论法的精神：上［M］.张雁深，译.北京：商务印书馆，
1961.

[108] 墨菲. 上海：近代中国的钥匙 [M]. 上海社会科学院历史所，编译.
上海：上海人民出版社，1987.

[109] 内森·罗森堡，L.E. 小伯泽尔. 西方现代社会的经济变迁 [M]. 曾
刚，译. 北京：中信出版社，2009.

[110] 聂宝璋. 中国买办资产阶级的发生 [M]. 北京：中国社会科学出版
社，1979.

[111] 彭久松. 中国契约股份制 [M]. 成都：成都科技大学出版社，1994.

[112] 彭凯翔. 清代以来的粮价：历史学的解释与再解释 [M]. 上海：上海
人民出版社，2006.

[113] 彭南生. 中国早期工业化进程中的二元模式：以近代民族棉纺织业为
例 [J]. 史学月刊，2001（1）：60 – 66.

[114] 钱纳里，等. 工业化和经济增长的比较研究 [M]. 吴奇，等译. 上
海：上海三联书店，1995.

[115] 邱彭生. 禁止把持与保护专利：试析清末商事立法中的苏州金箔业讼
案 [J]. 中外法学，2000（3）：311 – 328.

[116] 任满军. 晚清商事立法研究 [D]. 北京：中国政法大学，2007.

[117] 上海商务总会致各埠商会拟开探讨商法草案书 [N]. 申报，1907 –
09 – 10.

[118] 盛洪. 寻求改革的稳定形式 [M]. 上海：上海财经大学出版社，
2002.

[119] 施坚雅. 中华帝国晚期的城市 [M]. 北京：中华书局，2000.

[120] 施正康. 困惑与诱惑：中国近代化进程中的投资理念与实践 [M]. 上
海：上海三联书店，1999.

[121] 帅天龙. 清末的商事立法 [M]//徐学鹿. 商法研究：第一辑. 北京：
人民法院出版社，2000：45 – 140.

[122] 苏基朗，李树元. 1904—1929 年中国的企业法制建设：制度和法律的

创新与延续［M］//近代中国的条约港经济：制度变迁与经济表现的实证研究．杭州：浙江大学出版社，2013：215－244.

［123］苏基朗．从制度看近代中国条约港经济［C］//近代中国的条约港经济：制度变迁与经济表现的实证研究．杭州：浙江大学出版社，2013：1－30.

［124］苏亦工．明清律典与条例［M］．北京：中国政法大学出版社，2000.

［125］苏云峰．中国新教育的萌芽与成长：1860—1928［M］．北京：北京大学出版社，2007.

［126］素尔讷，等纂修，霍有明，郭海文校注．钦定学政全书校注［M］．武汉：武汉大学出版社，2009.

［127］孙喆．砧木与嫁接：中国近代公司法律制度贯通论［M］．北京：社会科学文献出版社，2018.

［128］天津市档案馆，等．天津商会档案汇编：1903—1911［M］．天津：天津人民出版社，1989.

［129］天津市档案馆，等．天津商会档案汇编：上册［M］．天津：天津人民出版社，1989.

［130］托马斯·罗斯基．战前中国经济的增长［M］．唐巧天，等译．杭州：浙江大学出版社，2009.

［131］汪海波．积累与消费的比例关系［M］//马洪，孙尚清．中国经济结构问题研究：第2卷．北京：人民出版社，1981.

［132］汪洪涛．制度经济学：制度及制度变迁性质解释［M］．上海：复旦大学出版社，2003.

［133］汪敬虞．十九世纪外国侵华企业中的华商附股活动［J］．历史研究，1965（4）：39－74.

［134］汪敬虞．中国近代工业史资料：第2辑：下册［M］．北京：科学出版社，1957.

[135] 汪敬虞. 中国近代经济史：1895—1927：中册 [M]. 北京：人民出版社，2000.

[136] 汪敬虞. 中国资本主义现代企业的产生过程 [J]. 中国经济史研究，1986 (2)：29 – 59.

[137] 王忽之. 辛亥革命前十年间时论选集 [M]. 北京：生活·读书·新知三联书店，1960.

[138] 威廉·G. 比斯利. 明治维新 [M]. 张光，等译. 南京：江苏人民出版社，2012.

[139] 威廉姆森. 资本主义经济制度：论企业签约与市场签约 [M]. 段毅才，王伟，译. 北京：商务印书馆，2002.

[140] 韦森. 观念的转变与中国经济改革的历程：从《中国经济改革进程》与《改变中国》两书说起 [J]. 文史哲，2020 (4)：32 – 57.

[141] 魏淑君. 近代中国公司法史论 [M]. 上海：上海社会科学院出版社，2009.

[142] 魏淑君. 近代中国关于"公司法移植与本土化问题"第一次真正意义上的思考 [C]. 上海市第四届社会科学界学术年会青年文集，2006.

[143] 温忠麟，叶宝娟. 中介效应分析：方法和模型发展 [J]. 心理科学进展，2014 (5)：731 – 745.

[144] 吴承明. 市场、近代化、经济史论 [M]. 昆明：云南大学出版社，1996.

[145] 吴承明. 中国资本主义的发展述略 [M]//中华学术论文集. 北京：中华书局，1981.

[146] 吴承明. 中国资本主义与国内市场 [M]. 北京：中国社会科学出版社，1985.

[147] 吴松弟. 港口 – 腹地与中国现代化的空间进程 [J]. 河北学刊，2004 (3)：160 – 166.

[148] 西蒙·库兹涅茨. 现代经济增长：中译本 [M]. 北京：北京经济学院出版社，1989.

[149] 小艾尔弗雷德·D. 钱德勒. 看得见的手 [M]. 北京：商务印书馆，1987.

[150] 谢富胜，邓建伟. 市场化进程中的制度相容 [J]. 教学与研究，2001 (1)：23 – 29.

[151] 谢俊美. 上海历史上的人口变迁 [J]. 社会科学，1980 (3)：107 – 113.

[152] 谢振民. 中华民国立法史（上下册）[M]. 北京：中国政法大学出版社，2000.

[153] 徐立志. 清末的商事立法及其特点 [J]. 法学研究，1989 (3)：89 – 94.

[154] 徐毅，巴斯·范鲁文. 中国工业的长期表现及其全球比较：1850—2012 年：以增加值核算为中心 [J]. 中国经济史研究，2016 (1)：39 – 50.

[155] 徐永志. 开埠通商与津冀社会变迁 [M]. 北京：中央民族大学出版社，2000.

[156] 许红梅，李春涛. 社保费征管与企业避税：来自《社会保险法》实施的准自然实验 [J]. 经济研究，2020 (6)：122 – 137.

[157] 严亚明. 晚清企业制度思想与实践的历史考察 [D]. 武汉：华中师范大学，2003.

[158] 严中平，等. 中国近代经济史统计资料选辑 [M]. 北京：中国社会科学出版社，2012.

[159] 杨德才. 近代外国在华投资：规模与效应分析 [J]. 经济学（季刊），2007 (3)：917 – 944.

[160] 杨栋梁. 论日本明治维新前夕的社会经济发展 [J]. 经济社会史评论，

2017（3）：54－66.

[161] 杨端六，侯厚培，等．六十五年来中国国际贸易统计 ［M］．国立中央研究院社会科学研究所专刊第四号，1931.

[162] 杨丽英．日本公司立法的历史考察 ［J］．现代法学．1998（5）：125－129.

[163] 杨幼炯．近代中国立法史 ［M］．北京：中国政法大学出版社，2012.

[164] 叶林．公司法研究 ［M］．北京：中国人民大学出版社，2006.

[165] 伊懋柯（Elvin）．中日俄近代早期经济增长的比较 ［J］．李必樟，译．经济学术资料，1982（5）：47.

[166] 尹梦霞，李强．民国统计资料四种 ［M］．北京：国家图书馆出版社，2012.

[167] 余英时．儒家伦理与商人精神 ［M］．桂林：广西师范大学出版社，2004.

[168] 虞和平．商会与中国早期现代化 ［M］．上海：上海人民出版社，1993.

[169] 云岭．清末西方法律、法学的输入及影响 ［M］//法律史论丛（第三辑）．北京：法律出版社，1983.

[170] 曾小萍，等．早期近代中国的契约与产权 ［M］．李超，等译．杭州：浙江大学出版社，2011.

[171] 曾小萍．近代中国早期的公司 ［J］．冯永明，译．清史研究，2008（4）：63－80.

[172] 曾小萍．自贡商人：近代早期中国的企业家 ［M］．董建中，译．南京：江苏人民出版社，2014.

[173] 张大为．近代中国营业自由法制研究 ［D］．武汉：武汉大学，2013.

[174] 张国辉．论中国资本主义现代企业产生的历史条件 ［J］．中国社会科学，1986（3）：139－151.

[175] 张国辉．洋务运动与中国近代企业 ［M］．北京：中国社会科学出版

社，1979.

[176] 张海林．论本世纪初中国商人的社会地位［J］．江海学刊，1996
（4）：125－131.

[177] 张曼滋．1904年《公司律》研究［D］．开封：河南大学，2014.

[178] 张培刚．农业国工业化问题［M］．长沙：湖南人民出版社，1991.

[179] 张生．中国法律近代化论集［M］．北京：中国政法大学出版社，2002.

[180] 张德美．探索与抉择：晚清法律移植研究［M］．北京：清华大学出版
社，2003.

[181] 张文显．法理学［M］．北京：高等教育出版社，北京大学出版社，
1999.

[182] 张忠民．艰难的变迁：近代中国公司制度研究［M］．上海：上海社会
科学院出版社，2002.

[183] 张忠民．近代中国的公司法与公司制度［J］．上海社会科学院学术季
刊，1997（4）：153－162.

[184] 张忠民．近代中国公司制度的逻辑演变及其历史启示［J］．改革，
1996（5）：102－109.

[185] 赵立新．日本法制史［M］．北京：知识产权出版社，2010.

[186] 赵吟．公司法律形态研究［D］．重庆：西南政法大学，2014.

[187] 郑学檬．清前期企业与市场的互动分析［J］．福建论坛（人文社会科
学版），2001（1）：77－83.

[188] 郑友揆．中国近代对外贸易和工业发展［M］．上海：上海社会科学院
出版社，1984.

[189] 中华续行委办会调查特委会．中国基督教调查资料：1901—1920年：
上卷［M］．北京：中国社会出版社，2007.

[190] 周洁．对近代中国公司立法的探究［D］．乌鲁木齐：新疆大学，2016.

[191] 周游．近代中国公司法制之形塑及其诱因考论：以股权利益调整为线

索 [J]. 法制与社会发展, 2015 (6): 176 – 187.

[192] 朱海城. 从《公司律》到《公司法》: 近代中国股票发行制度与实践研究 [J]. 社会科学, 2018 (7): 148 – 155.

[193] 朱英. 论清末的经济法规 [J]. 历史研究, 1993 (5): 92 – 109.

[194] 朱英. 研究近代中国制度变迁史应该注意的若干问题 [J]. 社会科学研究, 2016 (4): 192 – 196.

[195] 朱勇. 中国法律的艰难历程 [M]. 哈尔滨: 黑龙江人民出版社, 2002.

[196] 邹穗. 英国工业革命中的福音运动 [J]. 世界历史, 1998 (3): 56 – 63.

[197] Acemoglu D, Johnson S, Robinson J. The Rise of Europe: Atlantic Trade, Institutional Change, and Economic Growth [J]. American Economic Review, 2005 (95): 546 – 579.

[198] Acemoglu D, Johnson S. Unbundling Institutions [J]. Journal of Political Economy, 2005 (113): 949 – 995.

[199] Allen R C, et al. Wages, Prices and Living Standards in China, 1738 – 1925: in Comparison with Europe, Japan and India [J]. Economic History Review, 2011 (64): 8 – 38.

[200] Allen R C. The British Industrial Revolution in Global Perspective [M]. Cambridge: Cambridge University Press, 2009.

[201] Bai Y, Jia R X. Elite Recruitment and Political Stability: The Impact of the Abolition of China's Civil Service Exam [J]. Econometrica, 2016 (2): 677 – 733.

[202] Bai Y. Farewell to Confucianism: The Modernizing Effect of Dismantling China's Imperial Examination System [J]. Journal of Development Economics, 2019 (11): 1023 – 1082.

[203] Berkowitz D, Pistor K, Richard J F. Economic Development, Legality,

and Transplant Effect [J]. European Economic Review, 2003, 47 (1):
165 – 195.

[204] Billy K L. Prosperity, Region, and Institutions in Maritime China: The
South Fukien Pattern [M]. Cambridge, Mass: Harvard University Asia
Center, 2000.

[205] Brandt L. Reflections on China's Late 19th and Early 20th-Century Economy
[C]//Wakeman F Jr. , Edmunds R L. Reappraising Republican China.
Oxford: Oxford University Press, 2000: 28 – 54.

[206] Cheng Y K. Foreign Trade and Industrial Development of China [M].
Washington, D. C. : The University Press of Washington, 1956.

[207] Chen L S. Banking in Modern China: Entrepreneurs, Professional Manag-
ers, and the Development of Chinese Banks, 1897 – 1937 [M]. N. Y. :
Cambridge University Press, 2003.

[208] Coase R H. The Nature of the Firm [J]. Economica, 1937 (11): 396 –
405.

[209] Coase R H. The Problem of Social Cost [J]. Journal of Law and Econom-
ics, 1960 (3): 1 – 44.

[210] Coble P M. Chinese Capitalists in Japan's New Order: The Occupied Lower
Yangzi, 1937 – 1945 [M]. Berkeley: University of California Press,
2003.

[211] Cox G W. Was the Glorious Revolution a Constitutional Watershed? [J].
Journal of Economic History. 2012 (72): 567 – 600.

[212] Deng K. China's Political Economy in Modern Times: Changes and Eco-
nomic Consequences 1800 – 2000 [M]. Oxford, UK: Routledge, 2012.

[213] Eggertsson T. Economic Behavior and Institutions [M]. Cambridge: Cam-
bridge University Press, 1990.

[214] Ejtel E J. Europe in China [M]. Hong Kong: Oxford University Press, 1983.

[215] Fairbank J K, Reischauer E O, Craig A M. East Asia: The Modern Transformation [M]. Mass: Harvard University Press, 1965.

[216] Fairbank J K. China's Response to the West: A Documentary Survey [M]. Mass: Harvard University Press, 1954.

[217] Fairbank J K. The Chinese World Order: Traditional China's Foreign Relations [M]. Cambridge, Mass: Harvard University Press, 1968.

[218] Faure D. Company Law and the Emergence of the Modern Firm [M]//Ampalavanar R. Chinese Business Enterprise. London: Routledge, 1996: 263 –281.

[219] Feuerwerker A. The Foreign Presence in China [C]//Fairbank J K. Cambridge History of China, Vol. 12, Republican China, 1912 – 1949. Cambridge: Cambridge University Press, 1983: 128 –207.

[220] Floud R, Humphries J, Johnson P. The Cambridge Economic History of Modern Britain: Volume 1, Industrialization, 1700 – 1870 [M]. Cambridge: Cambridge University Press, 2014.

[221] Gower L C B. The Principles of Modern Company Law [M]. 2nd. London: Sterens, 1969.

[222] Hamliton G G. The Organizational Foundations of West and Chinese Commerce: A Historical and Comparative Analysis [M]//Gary G. Hamilton eds. Business Networks and Economic Development in East and Southeast Asia. Hong Kong: University of Hong Kong Press, 1991.

[223] Hansmann H, Kraakman R H. The Essential Role of Organizational Law [J]. Yale Law Journal, 2000 (110): 387 –440.

[224] Harris R. Law, Finance and the First Corporations [C]//Heckman J J,

Nelson R L, Cabatingan L. Global Perspectives on the Rule of Law. Abingdon: Routledge-Cavendish, 2009.

[225] Holdsworth W S. History of English Law [M]. London: Methuen, 1925.

[226] Jia R X. The Legacies of Forced Freedom [J]. Review of Economics and Statistics, 2014 (96): 596 – 608.

[227] Ji Z J. A History of Modern Shanghai Banking: The Rise and Decline of China's Financial Capitalism [M]. N. Y. : M. E. Sharpe, 2003.

[228] Ketenev A M. Shanghai: Its Mixed Court and Council [R]. Shanghai, 1925.

[229] Kirby W. China Unincorporated: Company Law and Business Enterprise in Twentieth-Century China [J]. Journal of Asian Studies, 1995 (1): 43 – 63.

[230] Kirkpatrick C H, Nixson F I. The Industrialization of Less-Developed Countries [M]. Manchester: Manchester University Press, 1983.

[231] Koll E. From Cotton Mill to Business Empire: The Emergence of Regional Enterprise in Modern China, 1895 – 1949 [M]. Cambridge: Harvard University Asia Center, 2004.

[232] Lai C K. The Qing State and Merchant Enterprise: The China Merchants' Company, 1872 – 1902 [C]//Leonard J K, Watt J R. To Achieve Security and Wealth: The Qing Imperial State and the Economy, 1644 – 1911. Ithaca: Cornell University East Asia Program, 1992.

[233] Lippit V D. Land Reform and Economic Development in China: A Study of Institutional Change and Development Finance [M]. White Plains, N. Y. : International Arts and Sciences Press, 1974.

[234] Lippit V D. The Economic Development of China [M]. Armonk, N. Y. : M. E. Sharp, 1987.

［235］Mattiacci G D, et al. The Emergence of Corporate Form ［J］. The Journal of Law, Economics and Organization. 2017 （2）: 193 – 236.

［236］Murphey R. Shanghai: Key to Modern China ［M］. Cambridge: Harvard University Press, 1953.

［237］Murphey R. The Treaty Ports and China's Modernization ［C］//Elvin M, Skinner G W. The Chinese City between Two Worlds. Stanford, California: Stanford University Press, 1974: 17 – 72.

［238］North D C, Weingast B R. Constitutions and Commitment: The Evolution of Institutions Governing Public Choice in Seventeenth-Century England ［J］. Journal of Economic History, 1989 （49）: 803 – 832.

［239］North D C. Economic Performance through Time ［M］//Alston L J. Empirical Studies in Institutional Change. Cambridge, UK: Cambridge University Press, 1996: 342 – 355.

［240］North D C. Transaction Costs, Institutions and Economic Performance ［M］. San Francisco: ICS Press, 1992.

［241］Peerenboom R. China's Long March Toward Rule of Law ［M］. Cambridge, UK: Cambridge University Press, 2002.

［242］Person K G, Sharp P. An Economic History of Europe ［M］. Cambridge: Cambridge University Press, 2015.

［243］Riskin C. China's Political Economy: The Quest for Development Since 1949 ［M］. Oxford: Oxford University Press, 1987.

［244］Roe M J. Political Preconditions to Separating Ownership from Corporate Control ［J］. Stanford Law Review, 2000 （53）: 539 – 606.

［245］Rose D, Bowen J R. On the Absence of Privately Owned, Publicly Traded Corporations in China: The Kirby Puzzle ［J］. Journal of Asian Studies, 1998 （4）: 442 – 452.

[246] Rosenstein-Rodan P N. Problems of Industrialization of Eastern and South-Eastern Europe [J]. The Economic Journal, 1943 (6): 202 – 211.

[247] Skinner W G. Regional Urbanization in Nineteenth-Century China [M]// Skinner G W. The City in Late Imperial China. Stanford: Stanford University Press, 1977.

[248] Wang G. The Chineseness of China: Selected Essays [M]. Hong Kong: Oxford University Press, 1991.

[249] Wolfgang K, et al. Foreigners Knocking on the Door: Trade in China During the Treaty Port Era [R]. NBER Working Paper, 2016.

[250] Wright M C. The Last Stand of Chinese Conservatism: The Tung-Chih Restoration, 1862 – 1874 [M]. Stanford: Stanford University Press, 1957.

# 致　　谢

这本书脱胎于我的博士论文，但在内容的广度和深度方面都有所拓展。历经十多次修改，每次修改时都觉得困难重重、疑问多多，修改完之后却很有通关升级的快乐和舒畅，也是一种不断超越自我知识结构和认知局限带来的成就感。虽然每一步都只是微小的一步，但很多小步慢慢积累，形成不断前进的路径。偶尔回头时，都有发自内心的愉悦。虽然和同龄人比起来，我算是起步比较晚、进步比较慢的类型，但所幸我不是着急的人，内心对学术的好奇和热情始终未消减。这本书可以看作我学术一小步的一个小结吧。

在撰写这本书的各个阶段，都有很多人给我提供了各种支持。没有这些支持，我想我是很难完成的。

首先要感谢的是我的博士导师欧阳峣教授。几年之前在人生的十字路口犹豫时，是他给我指明了方向、提供了转型的机会。之后我研究方向的选定、研究题目的确定、内容的修改，都离不开老师的指点和建议。老师严谨的学术态度和高远的学术眼界，深深影响了我，让我体会到做学问虽辛苦却更是有乐趣、有意义的事。同时，老师搭建的学术平台，开拓了我的学术视野，也让我有幸认识了不少同领域的研究者和同行者，在学习和交流中不断进步。

感谢我的父母。当家庭的和工作的压力双重叠加时，总是我亲爱的父母来帮我纾解生活的重任；当我在岁月静好中专心学习时，他们却日渐衰老，心塞之余衷心祈祷他们平安健康。

感谢我的先生。我的每一个进步，都离不开他无私而坚定的支持；无论是工作上还是生活中，他都是我最坚实的依靠和底气。他总是安静而有条理地解决我们生活中遇到的问题，总是能让渡自己的时间来成全我的需求；即使自己工作繁忙，也依然毫无怨言地承担起琐碎的家庭事务。最神奇的是，虽然我们两个专业不同，但学术相通、三观一致，彼此的沟通总能给我灵感和启发。当然，还要感谢我们两个可爱的孩子，看到他们就觉得生活充满欢乐。

感谢所有支持我的亲人、老师和朋友们。感谢湖南师范大学的郭水霞教授、欧阳资生教授和曹虹剑教授对我的论文构建和内容方面提出的宝贵建议和意见，感谢湖南工商大学的徐雷老师在实证方面对我无私的指点和帮助，感谢湖南师范大学的曾雄佩老师和湖南工商大学的张子杰老师在理论逻辑方面给我的真诚建议，感谢我的师弟、湖南财政经济学院的易思维老师无私地和我分享他收集、整理的数据，为我的研究节约了不少前期准备时间。还有特别的感谢要致以湖南工商大学经济与贸易学院的政治经济学学科负责人刘乐山教授和世界经济学学科负责人罗双临教授，因为两位及其学科的务实支持，本书的出版最终实现。

最后想说的是，这本书的出版本身就是让我很感谢的事情，这种感谢包含对生活的喜悦、对学术的热爱和对未来的憧憬。一路走来，也曾跌跌撞撞、迷茫停滞，现在也不是多么耀眼辉煌，但小小的幸福和大大的感谢，都萦绕心头，铭记于心。山高水长，感谢有缘一路同行，更祝愿未来繁花似锦！

盛小芳

2023 年 5 月于梅溪湖